Existe um pensamento político subalterno?

CONSELHO EDITORIAL

Ana Paula Torres Megiani

Eunice Ostrensky

Haroldo Ceravolo Sereza

Joana Monteleone

Maria Luiza Ferreira de Oliveira

Ruy Braga

Camila Góes

Existe um pensamento político subalterno?

Um estudo sobre os *Subaltern Studies* 1982-2000

Copyright © 2018 Camila Góes

Grafia atualizada segundo o Acordo Ortográfico da Língua Portuguesa de 1990, que entrou em vigor no Brasil em 2009.

Edição: Haroldo Ceravolo Sereza
Editora assistente: Danielly de Jesus Teles
Projeto gráfico, diagramação e capa: Danielly de Jesus Teles
Assistente acadêmica: Bruna Marques
Revisão: Alexandra Colontini
Capa: *pixabay*

Este livro contou com apoio da FAPESP, número do processo: 2015/24594-2.

CIP-BRASIL. CATALOGAÇÃO NA PUBLICAÇÃO
SINDICATO NACIONAL DOS EDITORES DE LIVROS, RJ

G543e

Góes, Camila
Existe um pensamento político subalterno? : um estudo sobre os subaltern studies 1982-2000 / Camila Góes. - 1. ed. - São Paulo : Alameda. ; 21 cm.

Inclui bibliografia
ISBN 978-85-7939-483-6
1. Sul da Ásia - História - Século XX. 2. Índia - História - Século XX. I. Título.

17-42733

CDD: 954.052
CDU: 94(5)"1982

/2000"

Alameda Casa Editorial
Rua 13 de Maio, 353 – Bela Vista
CEP 01327-000 – São Paulo, SP
Tel. (11) 3012-2403
www.alamedaeditorial.com.br

Articular historicamente o passado não significa conhecê-lo "como ele de fato foi". Significa apropriar-se de uma reminiscência, tal como ela relampeja no momento de um perigo. Cabe ao materialismo histórico fixar uma imagem do passado, como ela se apresenta, no momento do perigo, ao sujeito histórico, sem que ele tenha consciência disso. O perigo ameaça tanto a existência da tradição como os que a recebem. Para ambos, o perigo é o mesmo: entregar-se às classes dominantes, como seu instrumento. Em cada época, é preciso arrancar a tradição ao conformismo, que quer apoderar-se dela. Pois o Messias não vem apenas como salvador; ele vem também como o vencedor do Anticristo. O dom de despertar no passado as centelhas da esperança é privilégio exclusivo do historiador convencido de que também os mortos não estarão em segurança se o inimigo vencer. E esse inimigo não tem cessado de vencer.

Walter Benjamin

Teses sobre o conceito de história (vi)

Sumário

9 Por que ler os *Subaltern Studies*
na América Latina?
Gyan Prakash

13 Um exercício de tradução
Bernardo Ricupero

23 Introdução

43 Parte I. Subalterno como Identidade

45 Gramsci e a tradução do marxismo na Índia

57 Por uma história das classes
e grupos sociais subalternos indianos

70 Revolução Passiva na Índia

78	A questão meridional como questão internacional
95	**Dominância sem hegemonia**
104	Condições para a crítica e seus limites
115	Paradoxos de poder na Índia: a derrota do projeto universalista?
131	**PARTE II. SUBALTERNO COMO DIFERENÇA**
133	**Foucault e a virada Pós-Estruturalista**
145	Genealogia e colonialismo
154	Colonização do corpo
166	Análises de poder em disputa
179	*Subaltern Studies* **como Crítica Pós-Colonial**
192	Declínio do subalterno como sujeito político
202	Os *Latin American Subaltern Studies* e a odisseia pós-moderna
215	**Considerações Finais**
219	**Referências Bibliográficas**
233	**Agradecimentos**

Por que ler os *Subaltern Studies* na América Latina?

Gyan Prakash

Professor do Departamento de História

Princeton University

É uma tarefa agradável escrever um prefácio ao trabalho de Camila Góes sobre os *Subaltern Studies*. No seu início, os *Subaltern Studies* foram concebidos como uma intervenção na compreensão histórica da sociedade e da política da Índia. Claro, isso não significa que houve um impulso nativista por trás dele. Pelo contrário, os *Subaltern Studies* surgiram a partir de uma conversa com as obras de Marx, Gramsci e outros. Não havia, entretanto, nenhuma expectativa de que o trabalho do coletivo viajasse globalmente. No entanto, como se pode notar, viajou. Interagindo e influenciando estudos e teorias em outras localidades, a obra do coletivo foi ampliada, creio eu, o que foi mutuamente enriquecedor. É nesse espírito que acolho o estudo de Góes.

Os *Subaltern Studies* são inimagináveis sem sua herança em Marx. A ideia do subalterno começou com uma releitura do seu conceito de universalidade do capital. Em Marx, a realização da universalidade do capital dependia de condições históricas. Neste sentido, embora o *Capital* tenha capítulos brilhantes analisando a lógica abstrata do capital, ele também é composto de um longo capítulo sobre a duração da jornada de trabalho na Inglaterra e de um capítulo sobre a acumulação primitiva do capital. Há também um apêndice no qual Marx distingue entre subsunção real e formal do capital. O fardo de seu argumento é o de que para o capital se tornar *capitalismo* totalmente desenvolvido, certas condições históricas precisariam ser cumpridas. Demanda-se, principalmente, a produção por trabalho assalariado. Isto significa que o capitalismo poderia explorar o campesinato, levando-o ao mercado mundial, mas enquanto os camponeses trabalhassem como produtores independentes, não haveria subsunção real do capital; portanto, é apenas quando os camponeses se tornam despossuídos e "livres" para trabalhar como assalariados que a subsunção real sob o capital pode ocorrer. Até que isso aconteça, a burguesia não pode representar-se como a personificação do interesse geral da sociedade. Como Ranajit Guha escreve em *Dominance Without Hegemony*, isto não poderia ocorrer sob condições coloniais. O capital na colônia encontra seu limite na produção camponesa. Para conquistar controle sobre ela, o colonizador tem de recorrer aos magnatas da terra como seus colaboradores. Consequentemente, não pode dominar sem uma alta dose de coerção, ou seja, uma dominância sem hegemonia. A elite indiana, que se opôs ao poder estrangeiro do colonizador, mas aceitou o domínio do capital, foi também similarmente prejudicada. Ela também só poderia exercer dominância sem hegemonia.

Existe um pensamento político subalterno? 11

O foco inicial dos *Subaltern Studies* no campesinato surgiu desta leitura de Marx. O subalterno não é um termo genérico para os marginalizados ou oprimidos, mas se refere a uma posição que não encontra representação na formação e nas ideias da elite. Uma insatisfação com a historiografia da elite que tendeu a alistar o campesinato indiano na narrativa da nação ou da revolução, suprimindo ou afastando a explicação de suas ações e ideologias distintas, levou o coletivo a Gramsci. Ao explicar o *Risorgimento* italiano como uma "revolução passiva", uma revolução política sem uma revolução social, o marxista italiano escreveu sobre a agência e ideologia das classes subalternas, mas argumentou que lhes foi negada a representação pelo Estado. Os *Subaltern Studies* se basearam em uma separação entre classes subalternas e dominantes para revisitar a história colonial da Índia e identificaram os grupos e conhecimentos subalternos que estiveram fora do pensamento e da política da elite. Embora o trabalho do coletivo tenha apresentado mudanças ao logo do tempo, sua preocupação constante tem sido a de escrever história com as posições subalternas em mente.

Uma consequência de pensar Marx e Gramsci para desenvolver a ideia de subalterno consistiu no foco adicionado ao poder. O conceito de poder não está ausente em Marx. Como indiquei acima, é claro no *Capital* que ele se refere à acumulação primitiva do capital como um processo político por excelência. No entanto, porque estava preocupado com a análise da produção e troca capitalistas, o poder recebe menor atenção. Em Gramsci, a questão da hegemonia exigiu um compromisso com o poder. O marxista chamou a atenção para a reprodução do poder na vida cotidiana, já que a hegemonia envolve um trabalho ideológico de religião e educação nas escolas. É neste contexto que o trabalho de Michel Foucault se torna relevante. A obra de

Foucault mostrou a produção e redistribuição do poder através das práticas das instituições. Se Gramsci chamou a atenção para o papel da ideologia nas relações de poder, Foucault destacou a função das práticas cotidianas na produção de sujeitos e disciplinas. Isto foi extremamente relevante para o estudo do poder nas colônias onde o poder colonial foi refratado através das práticas das instituições. Basta pensar no trabalho dos tribunais, escolas, plantações, ferrovias e unidades epidemiológicas. Aqui, não foi possível apenas "aplicar" Foucault. O triângulo puro da soberania, disciplina e governamentalidade derivado da França não funcionava nas colônias. Ali, o triângulo foi ponderado em favor da soberania, da aplicação coercitiva do poder, à medida que aos poderes coloniais não foi garantida a ação sobre sujeitos disciplinados. Sujeitos subalternos permaneceram recalcitrantes; sua obediência tinha de ser assegurada não por meio da autodisciplina, mas pela força das instituições.

É este compromisso com as formas de ação e pensamento que ficaram de fora da formação dominante que levou os *Subaltern Studies* a uma conversa com outros locais e formas de investigação no mundo. Os estudos pós-coloniais são um exemplo disto. Sua invocação nos *Latin American Subaltern Studies* é outro. De modo geral, se poderia dizer que a ascensão e circulação dos *Subaltern Studies* deve ser considerada junto ao estudo das posições e histórias das minorias, ou seja, junto a todos os estudos sobre formas de subjetividade e conhecimento que estão em uma relação de subordinação às posições e ideias dominantes e dirigentes. Nesse sentido, os *Subaltern Studies* devem ser abordados como método. Ainda que possam ser lidos como um estudo da história e sociedade do sul da Ásia, sua circulação global demanda que sejam analisados e avaliados como um método de estudo. É neste aspecto que o estudo de Camila Góes é bem vindo, e é apropriado que ela examine suas múltiplas heranças em Marx, Gramsci e Foucault.

Um exercício de tradução

Bernardo Ricupero

Professor do Departamento de Ciência Política

Universidade de São Paulo

Existe um pensamento subalterno? é um livro sobre tradução e tradutibilidade. Nele, Camila Góes segue a trajetória de um coletivo de intelectuais indianos, mais especificamente, de Bengali, que se apropriou, entre 1982 e 2000, da noção gramsciana de "subalternidade" para interpretar sua experiência. Para tanto, publicaram, com enorme repercussão, onze volumes com artigos sobre a questão. A autora, por sua vez, faz uso das considerações do próprio Antonio Gramsci sobre tradução e tradutibilidade para interpretar a produção do grupo. Ou seja, há no trabalho uma feliz identificação entre o objeto e a perspectiva de análise adotada.

Pode-se considerar que as questões da tradução e da tradutibilidade são centrais para o pensamento do revolucionário sardo (HAUG, *apud.* BOOTHMAN, 2010). É verdade que apenas no *Caderno 11*, "Introdução ao estudo da filosofia", escrito entre 1932 e 1933, aparece um subgrupo específico de quatro parágrafos dedicados a tratar da "tradutibilidade das linguagens científicas e filosóficas". Por outro lado, o problema está presente, de diferentes maneiras, em praticamente todos os *Cadernos do Cárcere*.

Já no *Caderno 1*, escrito em 1929, Gramsci observa no parágrafo § (44) que o especialista na questão agrária do Partido da Ação, Giuseppe Ferrari, "não soube traduzir o 'francês' em 'italiano'" (GRAMSCI, 2001, p.44).[1] Ou seja, o escritor aplicaria mecanicamente esquemas franceses à Itália. O revolucionário sardo nota que o fato de que essas fórmulas correspondiam a uma situação mais avançada poderia dar a impressão de serem mais agudas do que realmente eram. No entanto, seriam fundamentalmente inadequadas às condições italianas. O parágrafo § (46) que abre, no *Caderno 11* as considerações sobre a "tradutibilidade das linguagens científicas e filosóficas", volta à questão, lembrando o comentário de Vladimir Lênin: "não soubemos 'traduzir' para as línguas europeias a nossa língua" (LENIN *apud*. GRAMSCI, 2001).[2] No caso, o dirigente revolucionário percebe que o III Congresso da Internacional Comunista (IC), de 1921, adotou uma resolução referente às questões organizativas dos partidos comunistas que seria excessivamente russa, pouco adaptada às necessidades da Europa ocidental.

Em outras palavras, o problema percebido pelo italiano e pelo soviético é, em linhas gerais, o mesmo: formas políticas usados numa sociedade não podem ser transplantados imediatamente a outros contextos sociais. É verdade que Gramsci e Lênin partem de situações bastante diferentes: o equívoco, num caso, se refere a apli-

---

1 A referência volta a aparecer no parágrafo § (24) do *Caderno 19*, sobre o *Risorgimento*.

2 O comentário aparece antes no parágrafo § (2), *Caderno 7*, "Apontamentos de Filosofia II".

Existe um pensamento político subalterno? 15

car termos políticos de uma formação social mais avançada numa mais atrasada e, noutro caso, o erro diz respeito a remanejar modelos políticos provenientes de uma sociedade mais adiantada numa menos desenvolvida. No entanto, os dois destacam que a política para ser efetiva precisa saber se fazer traduzir para as condições específicas de variadas formações sociais.

Questão diferente seria quando uma determinada língua seria traduzida para outra cultura nacional. Verdadeira obsessão dos *Cadernos do Cárcere* é a observação de *A sagrada família* de que a filosofia clássica alemã corresponderia, em outros termos, à política levada a cabo pela Revolução Francesa. Gramsci recorre à referência pela primeira vez no parágrafo § (44), *Caderno 1*: "a linguagem dos jacobinos, sua ideologia, refletia perfeitamente as necessidades da época, segundo as tradições e a cultura francesa (cfr. em *A sagrada família* a análise de Marx aponta que a fraseologia jacobina correspondia perfeitamente às fórmulas da filosofia clássica alemã, as quais hoje se reconhece maior concretude e que deram origem ao historicismo moderno)." (GRAMSCI, 2001, p.51).[3] Já no parágrafo § (208), do *Caderno 8*, "Apontamentos de Filosofia", identifica, por meio de Benedetto Croce, a origem do comentário de Karl Marx (e Friedrich Engels) em G.W.F. Hegel.

Em termos mais fortes, o revolucionário sardo vê na identidade entre a filosofia clássica alemã e a política revolucionária francesa a base da conhecida "11ª tese sobre Feuerbach", em que o fundador do materialismo-histórico afirma: "os filósofos têm apenas *interpretado* o mundo de maneiras diferentes; a questão, porém,

---

3 Curiosamente, não cita Engels como um dos autores de *A sagrada família*. Até onde consegui identificar essa referência específica a *A sagrada família* aparece também no *Caderno 1* § (151), no *Caderno 3* § (48), no *Caderno 4* § (3), no *Caderno 4* § (42), no *Caderno 8* § (208), no *Caderno 10* § (60), no *Caderno 11* § (48), no *Caderno 11*, § (49), no *Caderno 17* § (18).

é transformá-lo" (MARX, 1982, p.3).[4] Isto é, a filosofia deveria ser realizada na política, como sintetiza o próprio termo usado nos *Cadernos do Cárcere* para se referir ao marxismo, "filosofia da práxis". Nessa orientação, a unidade entre teoria e prática não se daria na primeira dimensão, como acreditaram Hegel e Croce, mas na segunda, a filosofia transformando-se em política.

Além do fracasso na tradução de uma língua para uma outra cultura nacional, é possível afirmar que os casos de Ferrari – que procurara aplicar fórmulas francesas na Itália – e da resolução de 1921 do III Congresso da IC – que tentara organizar Partidos Comunistas segundo o modelo bolchevique – têm em comum o objetivo de procurar fornecer uma certa direção para a ação política. Já o sucesso da tradução da filosofia clássica alemã na Revolução Francesa se daria de maneira inconsciente e pouco perceptível, a própria passagem de uma cultura nacional para outra implicando na migração da filosofia para a política. Por outro lado, todos esses casos têm em comum o fato de lidarem com diferentes línguas, identificadas, num sentido mais profundo, com variadas culturas e tradições nacionais.

No entanto, esse não é o único significado de língua em Gramsci. No parágrafo § (42), "Giovanni Vailati e a linguagem científica", do *Caderno* 4, "Apontamentos de Filosofia I", o revolucionário sardo volta a se referir a *A sagrada família* e a ideia de tradutibilidade da língua filosófica alemã na língua política francesa. Mais

---

4   No parágrafo § (9) do *Caderno 10*, "A filosofia clássica de Benedetto Croce", seguindo as observações de Lênin sobre *As três fontes e as três partes constitutivas do marxismo*, considera também que a filosofia clássica alemã teria "sido traduzida em forma historicista com ajuda da política francesa e da economia clássica inglesa" (GRAMSCI, 2001, p.1247). No caso da última, seria especialmente importante a descoberta de David Ricardo a respeito da "lei de tendência", que indicaria um sentido não naturalista e determinista para a concepção de "lei".

Existe um pensamento político subalterno? 17

adiante, ainda, se refere a uma carta de Luigi Einaudi que menciona a capacidade de Vailati de traduzir "qualquer teoria da linguagem geométrica para álgebra, da hedonista à moral kantiana" (GRAMSCI, 2001, p.469)[5] Isto é, aqui, como indica Derek Bootham (2010) – sugestivamente tradutor de Gramsci para o inglês – os *Cadernos do Cárcere*, ao tratarem de diferentes disciplinas, lidam com um sentido de língua mais próximo do termo italiano *linguaggio* e do português linguagem, que pode ser aproximado do que é entendido como paradigma ou discurso.[6]

Mesmo que trabalhe com a linguagem e não com a língua, Gramsci avalia que as considerações de Einaudi seriam da mesma natureza das de Marx (e Engels), apesar de suas intenções metodológicas serem mais modestas. Como os pragmáticos italianos, o economista consideraria que as divergências teóricas seriam, em boa medida, reflexo de diferenças de terminologia. No mesmo sentido, a filosofia da práxis apontaria que duas línguas nacionais, produtos da mesma civilização, chocam-se porque seriam expressões de tradições ideológicas e intelectuais distintas, uma sendo, por exemplo, mais teórica, como a alemã, e outra mais política, como a francesa. Ou seja, apesar do sentido mais restrito de *linguagem* do que de *língua*, os *Cadernos do Cárcere* enxergam a possibilidade de existir relação entre elas. Tal potencialidade pode ser percebida até em termos de que uma linguagem tenderia a se expressar preferen-

---

5 O problema volta a aparecer no *Caderno 11* § (48).

6 De forma comparável, no parágrafo § (7) do *Caderno 10*, "A filosofia de Benedetto Croce", é feita a pergunta se é possível se traduzir a linguagem especulativa em linguagem historicista. Também no parágrafo § (6), aparecido na segunda parte do *Caderno 10*, "A filosofia de Benedetto Croce II", indaga-se diretamente sobre a possibilidade de haver relação entre a filosofia especulativa e a filosofia da práxis.

cialmente numa língua. Nesse sentido, a linguagem da filosofia costumaria ser alemã, a linguagem da política tenderia a ser francesa.[7]

Consequentemente, de acordo com o parágrafo § (47), do *Caderno* 11, do ponto de vista do historiador, "civilizações são tradutíveis reciprocamente, redutíveis uma à outra" (GRAMSCI, 2001, p.1470). Com base em tal referência, Gramsci pensa em certas condições para que a tradução possa ocorrer, o que pode ser chamado de tradutibilidade. Num sentido mais amplo, afirma que mesmo que línguas forem historicamente diversas, exprimindo variadas tradições intelectuais, relacionadas a diferentes culturas nacionais, elas apareceriam numa determinada fase da civilização. Ou, em termos mais restritos, segundo o parágrafo § (49): "duas estruturas fundamentalmente similares têm superestruturas 'equivalentes' e reciprocamente tradutíveis, independente da linguagem nacional particular" (GRAMSCI, 2001, p.1473). Em outras palavras, a tradução poderia ocorrer em civilizações com níveis de desenvolvimento similar, mas não seria evidente que tal desenvolvimento se desse em civilizações em estágios variados do ponto de vista material.

Nessa referência, mesmo que a Alemanha e a França tivessem superestruturas diferentes, que favoreceriam uma tradição mais filosófica e outra mais política, partiram de uma estrutura similar, já capitalista. O mesmo ocorreria com a França e a Itália, de onde e para onde, Ferrari tentou, sem êxito, transplantar as fórmulas jacobinas. Seu fracasso poderia, portanto, ser interpretado como fruto de sua incapacidade de entender a superestrutura italiana, não por acaso, tema fundamental dos *Cadernos do Cárcere*. Menos evidente é se da Rússia czarista, sociedade ainda não plenamente capitalista,

---

7   Na verdade, língua e linguagem, em italiano, *lingua* e *linguaggio,* são usados de maneira intercambiável por Gramsci. Faço uso dos dois termos apenas para explicitar a diferença entre duas dimensões da análise presente nos *Cadernos do Cárcere.*

Existe um pensamento político subalterno? 19

se poderia, como quis a III Internacional, exportar um modelo de partido para a Europa ocidental.

Mas, num sentido aparentemente mais restrito, o *Caderno* 11 também levanta a questão de se o problema da tradutibilidade interessa a todas as concepções de mundo ou se ele diz respeito especificamente ao materialismo histórico. Curiosamente, apesar de tudo que os *Cadernos do Cárcere* exploram em relação à língua e linguagem, Gramsci conclui, no parágrafo § (47), que apenas "na filosofia da práxis a 'tradução' é orgânica e profunda" (GRAMSCI, 2001: 1468). Tal afirmação está longe, porém, de ser arbitrária. Ela, na verdade, reflete a concepção de marxismo, da filosofia e da política do autor. Para o revolucionário sardo, o materialismo histórico seria o coroamento de um movimento de reforma intelectual e moral iniciado no Renascimento, que passaria pela Reforma, pela filosofia clássica alemã e pela Revolução Francesa. Esses diferentes momentos teriam aproximado teoria e prática, mas apenas a filosofia da práxis buscaria fundi-los. Como percebe Fabio Frosini, "a forma radical de tradução, isto é, aquela que torna possível todas as outras traduções, é" justamente "a tradução da filosofia em política" (FROSINI, 2010, p.171). Até porque se traduzir é, no sentido etimológico da palavra, "fazer passar", é a política que possibilita que diferentes concepções de mundo se expressem na realidade.

***

Camila Góes, ao seguir a trajetória dos *Subaltern Studies*, mostra como certos intelectuais indianos, ou talvez fosse melhor dizer, bengaleses, procuraram traduzir a problemática gramsciana dos "grupos subalternos" para a sua formação social. Aponta que quando o projeto de pesquisa teve início ele foi fortemente marcado pelo movimento camponês "naxalista". No entanto, a autora não se detém aí, indicando como, ao longo do tempo, a influência pós-estruturalista foi ganhando terreno e, paralelamente, a preocupação mais diretamente política do grupo foi perdendo importância. Ao mesmo tempo, os estudos subalternos foram se tornando enormemente influentes na academia do "norte", especialmente em universidades de língua inglesa. Finalmente, é apontado como outros intelectuais, no caso latino-americanos, escolheram, por diferentes motivos, fazer uso da perspectiva dos estudos subalternos indianos, buscando traduzi-los para a sua realidade.

Em termos mais específicos, *Existe um pensamento subalterno?* vai de Ranajit Guha e sua preocupação com a história dos camponeses de Bengali, que tem uma clara inspiração gramsciana, à uma perspectiva que enfatiza especialmente o caráter fragmentário dos processos sociais, abordagem influenciada pelo pós-estruturalismo, na qual Gayatri Chakravorty Spivak é provavelmente o nome mais influente. Uma das qualidades do trabalho é mostrar que as questões enfrentadas pelos estudos subalternos derivam dos próprios problemas da formação social de onde emergem.

Nesse sentido, é sugestivo como Góes demonstra que o "encontro" dos intelectuais indianos com Gramsci não se dá por simples modismo. Assim, Guha, ao se voltar contra o elitismo da historiografia indiana tradicional, encontra na atenção do revolucionário sardo a grupos, como nota o parágrafo § (2) do *Caderno 25*, "À margem da história. História dos grupos sociais subalternos", cuja "história é necessariamente desagregada e episódica" (GRAMSCI, 2001, p. 2283), um campo fértil de temas e problemas. Em outras palavras, a atenção gramsciana a grupos subalternos, estimulada, por sua vez, pelas vicissitudes da história italiana, especialmente a "questão meridional", pode ser traduzida para um outro contexto nacional, em que se insistia, erroneamente, que as revoltas camponesas do período colonial teriam tido um caráter pré-político. Em

Existe um pensamento político subalterno? 21

outras palavras, se poderia dizer que uma língua teria sido capaz de passar de uma formação social para outra.

No entanto e de maneira especialmente interessante, *Existe um pensamento subalterno?* indica que o processo não se detém aí. Melhor, com o lançamento da coletânea *Selected Subaltern Studies*, em 1988, – significativamente mesmo ano que Guha se afasta do coletivo – esses estudos passam a ter um enorme impacto internacional. Da Índia, os *Subaltern Studies* dirigem-se especialmente para as universidades norte-americanas, britânicas e australianas. Caminho esse que aparentemente desmentiria a crença de Gramsci de que a tradução de terminologias não se daria de uma formação social menos avançada para outra mais desenvolvida – observação, é verdade, que deve ser relativizada num momento em que ganha ainda mais corpo o processo de homogeneização do mundo pelo capitalismo. Paralelamente, nessa conjuntura, os estudos subalternos convertem-se no que se pode chamar de uma verdadeira *linguagem,* disciplina ou até paradigma com espaço privilegiado na academia, mas que renunciou a seus propósitos políticos iniciais.

Por outro lado, Camila Góes nos sugere que devemos desconfiar das narrativas excessivamente lineares, até porque na trajetória dos estudos subalternos aparecem e voltam a aparecer ênfases variadas, que não deixam de procurar dar respostas a diferentes desafios. Dessa maneira, já no próprio Gramsci aparece a caracterização dos grupos subalternos como fragmentários, posição que marca o momento pós-estruturalista do coletivo. Por seu turno, Spivak insiste, em "Pode o subalterno falar?", na dimensão prática da teoria e recorre diretamente ao revolucionário sardo para apontar para a importância do papel que têm os intelectuais.

Em suma, em *Existe um pensamento subalterno?* é apresentado um panorama bastante rico e completo do *Subaltern Studies,* indicando as possibilidades e os limites do que se tornou um verdadeiro campo de estudos. Para nós, brasileiros, também provenientes do "sul global", conhecer melhor essa experiência pode ser estimulante. Quem sabe, até para que nos arrisquemos a realizar novas traduções...

Referências bibliográficas

BOOTHMAN, Derek. "Translation and translatability: renewal of the Marxist paradigm". In IVES, Peter; LACORTE, Rocco (orgs.). *Gramsci, language and translation*. Lanman: Lexington Books, 2010.

FROSINI, Fabio. "On 'translatability'. In Gramsci´s Prison notebooks" IVES, Peter; LACORTE, Rocco (orgs.). *Gramsci, language and translation*. Lanman: Lexington Books, 2010.

GRAMSCI, Antonio. *Quaderni del Carcere*. Torino: Einauldi, 2001.

MARX, Karl. "Teses sobre Feuerbach". In MARX, Karl; ENGELS, Friedrich. *Obras escolhidas*. Moscou: Edições Avante!, 1982.

Introdução

No início do século XIX, em *A Razão na história*,[1] Hegel explicava que no alemão, a palavra história[2] combinava tanto o lado objetivo quanto o subjetivo, "ao mesmo tempo historiam *rerum gestarum* e *res gestas*: os acontecimentos e a narração dos acontecimentos" (HEGEL, 2001, p.111). Para o filósofo alemão, o tema adequado à prosa da história seria apresentado pelo Estado, que a criaria junto com ele. Ao assumir uma existência estável, uma comunidade passaria a demandar mais do que mandatos subjetivos de governo, exigindo regras, leis, normas universais e uni-

---

1 *A Razão na Historia* é o nome que recebeu a introdução de *Lições sobre Filosofia da História*, organizada por alunos de Hegel a partir de suas aulas.

2 Em alemão, *Geschichte,* que vem de *geschehen*, acontecer.

versalmente válidas. Elevando-se a Estado, portanto, seria de seu interesse um registro inteligente e preciso, com resultados duradouros, de suas ações e acontecimentos. Pensando o caso indiano, afirmava Hegel:

> Somente em um Estado com a consciência das leis existem ações claras e essa consciência é clara o suficiente para fazer com que os registros sejam possíveis e desejáveis. Impressiona a todos os que conhecem os tesouros da literatura indiana o fato de que este país, tão rico em produtos intelectuais de grande profundidade, não tenha uma história (IBID., p.113).

Essa proposição de que a Índia era uma terra desprovida de história alcançou um consenso generalizado entre os críticos ingleses da época (LAL, 2001, p.135).[3] Macaulay e James Mill, por exemplo, estavam inteiramente convencidos de que os indianos eram incapazes de escrever história. Argumentava Hegel (2001, p.113) que, mesmo com esplêndidos trabalhos de poesia e antigos códigos de leis, na Índia o desejo de organização havia se petrificado em distinções naturais de casta. As leis, embora dissessem respeito a direitos civis, os faziam dependentes destas distinções naturais. O filósofo concluía, desta forma, que "uma fantasia profunda e impetuosa" vagueava por todo o país e que para poder criar sua história, seria necessário um "objetivo dentro da realidade e, ao mesmo tempo, de muita liberdade" (IBID., p.113).

No início do século posterior, em 1926, Edward Thompson, pai de E.P. Thompson, confiante de que se tratava de uma verdade autoevidente, afirmava que os indianos raramente foram capazes de mostrar "qualquer habilidade crítica". Com a certeza de

---

3   Importante destacar que, para Hegel, não eram só os indianos que não possuíam história. Também os eslavos, americanos, africanos, etc.

Existe um pensamento político subalterno? 25

que jamais se tornariam adeptos do ofício histórico, Thompson acrescentou ainda que os indianos dificilmente seriam capazes de desarticular o registro da conexão britânica com a Índia (Thompson, 1926, p.27-28). Somente duas décadas depois, em 1947, a colonização britânica na Índia teria fim. É a partir de então que tem início o desenvolvimento da "história moderna indiana", como resultado de pesquisas não só de universidades da Índia, mas também na Inglaterra, nos Estados Unidos e na Austrália (CHAKRABARTY, 2000a, p.10).

Buscando demonstrar que o diagnóstico apontado pelo pai de E.P. Thompson estava errado, Ranajit Guha[4] (1997a, p.1) reivindicava que a "apropriação do passado" fora a única batalha que a Inglaterra jamais havia vencido sobre o povo indiano. Sob sua liderança, o surgimento dos *Subaltern Studies* consistiu em um dos principais desdobramentos deste contexto de inovação teórica da história social e política no país – sendo considerados uma das mais influentes intervenções na história da Índia (CHANDAVARKAR, 1997, p.181). Junto com a "teoria da dependência" latino-americana, os *Subaltern Studies* foram considerados por James Scott, por exemplo, como a importação intelectual do Sul que mais teve alcance sobre a conduta da história e das ciências sociais (SCOTT, 1999, p.x).

A formação do grupo remonta ao Centro de Estudos de Ciências Sociais (CSSC) de Calcutá, que ao longo dos anos 1970 contava com o apoio do governo indiano e possuía uma inclinação nitidamente marxista. Os componentes do centro estavam divididos

---

4   Ranajit Guha (1922) é um historiador indiano que editou os primeiros seis volumes da série *Subaltern Studies: Writings on South Asian History* (I, II, III, IV, V, VI) de 1982 a 1989. Suas publicações incluem *A Rule of Property for Bengal: an essay on the idea of permanent settlement* (1963), *Elementary aspects of peasant insurgency in Colonial India* (1983) e *Dominance without Hegemony: history and power in Colonial India* (1997a).

internamente entre os considerados "velhos" marxistas e a "nova" tendência, marcada pelo movimento naxalista.[5] Foi em meio a este segundo grupo que surgiu um núcleo de estudos sob a coordenação de Ranajit Guha, através do qual se reuniram os principais intelectuais que conformaram e fundaram os *Subaltern Studies* no início da década de 1980. Entre eles estava Dipesh Chakrabarty, que optou por trabalhar sobre a classe operária indiana; Gyanendra Pandey, que tinha já uma importante tese sobre os camponeses na Índia do Norte; Shahid Amin, também historiador do campesinato; Gautam Bhadra, que se interessava pela história da transição do Império Mongol para o Império Britânico e Partha Chatterjee, considerado o mais teórico entre eles, devido a sua formação com maior ênfase em teoria e filosofia política (SUBRAHMANYAM, 2004, p.10).

O grupo de estudiosos indianos reunidos inicialmente sob a liderança de Guha organizou uma série de coletâneas de artigos sobre a história social indiana, cujo primeiro volume, *Subaltern Studies I: Writings on South Asian History and Society*, foi lançado em Délhi no ano de 1982. A partir desta publicação inicial, o debate entre o grupo de historiadores subalternistas e os outros (tanto os "velhos marxistas" quanto os nacionalistas tradicionais) tornou-se cada vez mais intenso, como se infere nas páginas da *Social Scientist*, revista na qual se discutiam as ideias do Partido Comunista Indiano Marxista (PCM) da época. Concomitantemente, os escritos dos *Subaltern Studies* atingiram um público mais vasto e no final dos anos 1980 passaram a ser conhecidos fora da Índia e do âmbito da historiografia indiana. A obra do

---

5   Movimento que tinha por objetivo criar uma nova aliança entre estudantes universitários e camponeses, em nome de uma revolução supostamente maoísta. O seu nome se dá em função de sua origem geográfica, na pequena vila indiana de Naxalbari, no norte de Bengala (Subrahmanyam, 2004, p.8).

Existe um pensamento político subalterno? 27

grupo passou a ser debatida em revistas norte-americanas por intermédio de Gayatri Chakravorty Spivak.[6]

É importante notar que Subaltern Studies no começo dos anos 1980 referia-se apenas a uma série de publicações acerca da história indiana. Já no início dos anos 2000 este título passa a indicar uma denominação geral de um campo de estudos relativos ao pós-colonialismo, sendo entendidos ainda como o setor mais dinâmico dentre as disciplinas emergentes da teoria pós-colonial[7] e dos estudos culturais em meio ao ambiente acadêmico anglo-americano (CHAKRABARTY, 2000a, p.9; CHATUVERDI, 2000, p.vii). Neste livro, procuraremos apreender no percurso dos *Subaltern Studies* os caminhos percorridos ao longo dessas duas décadas que possibilitaram atingir este notável alcance teórico.

Para isso, lançaremos luz às diversas fontes teóricas que confluíram no grupo subalternista, que inicialmente buscava fundar uma nova historiografia própria às classes e grupos subalternos indianos. Com base na bibliografia produzida no período de 1982 a 2000, exploraremos localizar através de quais conceitos e correntes intelectuais se fez possível a construção de um pensamento político subalterno capaz de ser traduzido numa crítica historiográfica

---

6 Gayatri Chakravorty Spivak (1942) é uma crítica e teórica indiana internacionalmente conhecida por seu artigo "Pode o subalterno falar?", considerado um texto fundamental sobre o pós-colonialismo, e por sua tradução para o inglês de *Of Grammatology* de Jacques Derrida. Spivak chama a atenção no interior dos Subaltern Studies por levantar questões referentes ao debate com o marxismo, o feminismo, o pós-colonialismo e a desconstrução e crítica do imperialismo.

7 Desde o início dos anos 1980, o pós-colonialismo tem desenvolvido uma série de escritos que busca uma ruptura com as formas dominantes pelas quais as relações entre povos ocidentais e não-ocidentais e seus mundos são vistos. Desenvolveremos melhor a temática no capítulo final, que busca refletir sobre o trabalho dos subalternistas como crítica pós-colonial.

e política não só para a Índia, mas para outros países que também apresentaram passado colonial.

Inicialmente, o que havia unificado esses intelectuais indianos era o fato de todos serem estudiosos e críticos da obra de Karl Marx. Há nos subalternistas a influência de muitas variedades do chamado "marxismo ocidental", com destaque para as ideias dos *Cadernos do Cárcere* de Antonio Gramsci. Vale destacar também a importância de pensadores britânicos, ainda no campo do marxismo, como E.P. Thompson[8] e Eric Hobsbawn. O projeto subalternista, entretanto, era especialmente inspirado no pensamento gramsciano no que diz respeito à história das classes subalternas. Ao contrário de Hegel, como mencionamos anteriormente, para Gramsci não haveriam "povos sem história", mas grupos sociais que se mantiveram "às margens da história".

O reconhecimento desta marginalização e ausência de representação do subalterno no âmbito da História esteve presente como base da análise feita por Antonio Gramsci da Itália, marcada pela *Questão Meridional*, em termos da relação Sul e Norte, camponeses e operários. Também a noção de *revolução passiva* sugeria uma ordem de reflexão análoga, a qual fez da Itália ser reconhecida como "não-França", onde diferente da Revolução de 1789, não havia a coincidência entre povo e nação no projeto do *Risorgimento*. A ideia, no caso dos subalternistas, era instituir a Índia como "não-Europa". Neste sentido, o projeto adotara o paradigma da história "que vinha de baixo" para contestar a história da elite escrita por indianos nacionalistas e também como uma negação "historiográfica" de um certo tipo de marxismo ortodoxo, de fórmulas rígidas.

---

8   Cf. Chandavarkar (2000), "'The making of the working class': E.P. Thompson and Indian History".

Existe um pensamento político subalterno? 29

Buscava-se retomar uma tradição que remontava ao século XIX, quando intelectuais indianos começaram a debater publicamente a relação entre a produção do conhecimento e a política (GUHA, 1997a, p.IX). O trabalho do grupo não evidenciava tão-somente o impacto das ideias marxistas e gramscianas em especial. Somou-se à empreitada indiana a influência das ideias do pós-estruturalismo, em particular com o pensamento de Michel Foucault e Jacques Derrida. À publicação do *Selected Subaltern Studies* em 1988, com prefácio assinado por Edward Said,[9] coincide tanto uma bifurcação interna do grupo como a origem do corpo da literatura geralmente conhecida como "teoria pós-colonial" (CHATUVERDI, 2000, p. XII).

Há, portanto, várias fontes conceituais e políticas no desenvolvimento dos *Subaltern Studies*. Buscando inicialmente uma "tradução de Gramsci" para a Índia, o coletivo subalternista se introduziu no âmbito de um debate intelectual abrangente, principalmente no embate entre as ideias que conformaram o campo do "pós-colonialismo". Em diferentes vertentes, intelectuais norte-americanos, latino-americanos e africanos dos anos 1990 comprovaram a força das ideias subalternistas, com a propagação de artigos e monografias no âmbito da "subalternidade" (ibid., p.VII). De modo geral, a relação de poder com as metrópoles e a preocupação com os impactos desta dominação no registro histórico foi o que aproximou todos esses países na esfera dos estudos subalternos e pós-coloniais.[10]

---

9 Edward Said (1935–2003) ocupa um lugar ambivalente neste campo, sua perspectiva política provê uma aliança tanto com uma posição materialista quanto com uma pós-estruturalista.

10 É necessário destacar, entretanto, que isso não conforma um campo de estudos que abranja, de modo homogêneo, todos os países que passaram por dominação metropolitana. Distantes e com especificidades notáveis, o termo "colonial" não dá conta de explicar toda a dominação.

Em linhas gerais, pode-se observar um duplo movimento entre os subalternistas indianos – primeiramente o de apropriação da obra gramsciana como marca fundamentalmente política e, em seguida, um processo de autonomização a partir de outras fontes teóricas e interpretativas. Neste processo, se ascenderam possibilidades de tradução desta perspectiva para outros países que compartilhassem de problemas e desafios historiográficos comparáveis. O caráter político reivindicado inicialmente pelos intelectuais vinculados ao projeto, embora com problemas, não deixou de ser destacado nas demais apropriações. Constitui, assim, um ponto essencial para o estudo e compreensão do trabalho subalternista, incidindo também em um importante componente do processo de divulgação da obra de Antonio Gramsci e da internacionalização de seus conceitos.[11]

Como pano de fundo da argumentação que levaremos adiante, a temática gramsciana da tradução e da "tradutibilidade" possui um papel importante. Concebida em diversos momentos da obra carcerária do marxista italiano, esta questão é amplamente reconhecida por não ser de fácil leitura e compreensão, como bem destacou Derek Boothman (2004). A tradutibilidade em Gramsci deveria pressupor uma determinada etapa da civilização que tivesse

---

11 Não obstante, a proficuidade dos pontos de apoio teóricos gramscianos encontra paralelo na análise da diversificada realidade social da América Latina desse período (BADALONI, 1985, p.12). A primeira tentativa orgânica de inserção do pensamento de Gramsci na cultura política latino-americana da esquerda ocorreu no interior do Partido Comunista Argentino (PCA) (Aricó, 1985, p.27). Esse esforço pode ser localizado já nos anos 1950 com os *Cuadernos de Cultura*, que subsistiram até o momento em que a desagregação do peronismo induziu o PCA a um fechamento ortodoxo. Os grupos que permaneceram ligados a Gramsci, que então se abriram a uma reconsideração e uma reapropriação de outras correntes do pensamento progressista, reuniram-se em torno da revista fundada por José Aricó em 1963, Pasado y Presente, na qual a inspiração gramsciana esteve presente como uma de suas principais componentes (ARICÓ, 1982, p.13).

uma expressão cultural "fundamentalmente" idêntica, mesmo que a linguagem fosse historicamente diversa, determinada pela tradição particular de cada cultura nacional e de cada sistema filosófico (Q 11, § 47, p.1468)[12].

Gramsci entendia que esse exercício não deveria buscar a perfeição – "que língua é exatamente traduzível em outra? Que palavra singular é exatamente traduzível em outra língua?" questionava. No entanto, a tradução era possível devido a um mesmo "fundo" essencial. Este fundo era decorrente de um progresso real da civilização que ocorre, para o autor, graças à colaboração de todos os povos, por "impulsos" nacionais que dizem respeito "a determinadas atividades culturais ou grupo de problemas" (Q 11, § 47, p.1470). Disto conclui-se que a tradução pressupõe, portanto, uma linguagem que necessita ser traduzida a uma realidade cultural e específica mediante um esforço que exclui toda possibilidade de aplicação ou perfeição.

Tendo isso em vista, nos questionamos sobre as possibilidades de constituição de um pensamento político subalterno tradutível para outros contextos nacionais, com o intuito de elaborar uma reflexão de inspiração gramsciana. Sobre esta questão, em um de seus parágrafos sob o título "passado e presente", em guarda contra o que denominou "bizantinismo", Gramsci propunha o seguinte exame:

> Coloca-se a questão se uma verdade teórica descoberta em correspondência a uma determinada prática pode ser generalizada e conservada universal em uma época histórica. A prova de sua universalidade consiste precisamente

---

12 Utilizaremos a edição crítica dos *Cadernos do Cárcere*, organizada por Valentino Gerratana e publicada em 1975 na Itália. Citaremos da seguinte forma: Q. "X", para o número do Caderno, § "Y", para o parágrafo, e p. "Z" para a página na referida edição.

naquilo que esta se torna: 1) estímulo a conhecer melhor a realidade efetiva em um contexto diverso daquele no qual foi descoberta e no qual tem seu primeiro grau de fecundidade; 2) tendo estimulado e ajudado esta melhor compreensão da realidade efetiva, se incorpora nesta realidade mesma como se fosse sua expressão originária. Neste incorporar-se se encontra sua concreta universalidade, não meramente em sua coerência lógica e formal, e no fato de ser um instrumento político útil para confundir o adversário. Em suma, deve sempre vigorar o princípio de que as ideias não nascem de outras ideias, que as filosofias não são paridas de outras filosofias, mas que estas são expressão sempre renovada do desenvolvimento histórico real. A unidade da história, isto que os idealistas chamam unidade do espírito, não é um pressuposto, mas um contínuo tornar-se progressivo. Igualdade de realidade efetiva determina identidade de pensamento e não vice versa. Se se deduz ainda que cada verdade, enquanto é universal, e enquanto podendo ser expressa com uma fórmula abstrata, de tipo matemático (para a tribo dos teóricos), deve a sua eficácia ao fato de ser expressa nas linguagens das situações concretas particulares: se não é exprimível em línguas particulares, é uma abstração bizantina e escolástica, boa para o divertimento dos remastigadores de frases (Q9, §63, p.1133-1134).[13]

Trata-se, portanto, de estudar o trabalho subalternista com vistas a destacar o quanto estimulou a conhecer melhor a história indiana, mas também a forma como avançou enquanto "instrumento" metodológico e político em um certo sentido "universal", abrindo caminho para novas e criativas narrativas subalternas. Partimos da premissa de que embora seja na especificidade da socie-

---

13 Neste trabalho, todas as traduções dos idiomas italiano e inglês serão feitas por mim.

Existe um pensamento político subalterno? 33

dade indiana que os *Subaltern Studies* possuam seu primeiro grau de fecundidade, é através da importância perene das questões que abordam, enquanto resistência a todas as variedades de determinismo histórico, técnico-econômico ou cultural – tais quais os problemas de agência, possibilidades de sujeição e hegemonia – que torna possível sua tradução para outros contextos. No *Caderno 1,* Gramsci expõe uma metáfora que introduz uma breve, mas muito preciosa lição epistemológica sobre este assunto:

> O mesmo raio luminoso passa por prismas diversos e origina refrações de luzes diversas: se se quer a mesma refração, é necessário toda uma série de retificações dos prismas individuais. A "repetição" paciente e sistemática é o princípio metódico fundamental. Mas não a repetição mecânica, a material: a adaptação de cada princípio às diversas peculiaridades, o apresentá-lo e representá-lo em todos os seus aspectos positivos e nas suas negações tradicionais, organizando sempre cada aspecto parcial na totalidade. Encontrar a real identidade sobre a aparente diferença e contradição e encontrar a substancial diversidade sobre a aparente identidade, aqui está a mais essencial qualidade do crítico das ideias e do historiador do desenvolvimento social. O trabalho educativo-formativo que um centro homogêneo de cultura desenvolve, a elaboração de uma consciência crítica que promove e favorece sobre uma determinada base histórica que contenha as premissas materiais desta elaboração, não pode se limitar à simples enunciação teórica de princípios "claros" de método; esta seria uma pura ação "iluminista". O trabalho necessário é complexo e deve ser articulado e graduado: deve haver a dedução e indução combinadas, a identificação e distinção, a demonstração positiva e a destruição do velho. Mas não no abstrato, no concreto: sobre a base do real (Q1, §43, pp.33-34).

A especificidade deste "método-pensamento" desenvolvido por Gramsci está na inseparabilidade entre o esforço de construir conceitos ou teorias gerais, e a contingência histórica e geográfica nas quais seus conceitos e sua teoria nasceram e prosperaram. Em concordância com suas indicações metodológicas, assumimos a compreensão do contexto como essencial para a realização de um estudo no campo da história do pensamento político, a partir do pressuposto de que as "ideias não caem do céu" e como todos os produtos da atividade humana, são formadas em circunstâncias dadas e em razão de certas necessidades (FEMIA, 1981, p.122).

Trata-se de um procedimento metodológico que certos historiadores do pensamento político recomendam, a partir da década de 1970, em contraposição à visão que textos clássicos sobre política poderiam ser lidos como parte de um discurso intemporal do conhecimento humano. No clássico artigo de 1969, "Meaning and Understanding in the History of Ideas", Quentin Skinner endereçava sua crítica às várias tradições da história das ideias políticas, acusando-as principalmente de incorrerem no erro comum do anacronismo. Ou seja, o erro de imputar a autores e obras, intenções e significados que jamais tiveram, nem poderiam ter tido em seus contextos originais de produção (JASMIN, 2005, p.27). Desde então, se tornou praticamente impossível argumentar que grandes textos poderiam ser entendidos simplesmente através de sua leitura, independentemente do que seus autores possivelmente pretendiam dizer ao escrevê-los (RUNCINMAN, 2001, p.84). É absolutamente legítimo, entretanto, que obras do passado, compreendidas em seu específico contexto histórico e linguístico, lancem luz sobre os problemas ou necessidades atuais.

Vale lembrar que o próprio pensamento de Gramsci, por um lado, se encontra historicamente datado, inserido no contexto que vai da Primeira Guerra Mundial e da Revolução de Outu-

Existe um pensamento político subalterno? 35

bro ao surgimento, com o fascismo e o nazismo, do espectro da Segunda Guerra Mundial. Por outro lado, essa datação histórica não impede o reconhecimento de uma elaboração teórica e metodológica que extrapole esse contexto (BADALONI, 1985, p.14). O grande tema para Gramsci era o "passado nacional", o que não deriva de uma possível crença compartilhada na afirmação de Benedetto Croce de que "toda história é história contemporânea", mas do reconhecimento de que o passado é, antes de tudo, algo que impede a realização do presente e do futuro (Ricupero, 2000, p.68). Ao discutir o passado, Gramsci tinha em vista o presente e o futuro. Esta unidade entre história e política "aparece com força na utilização analógica que faz dos materiais históricos concretos que tem à disposição" (BIANCHI, 2008, p. 20-21).

Como afirma Portantiero (1977) no volume 54 dos *Cuadernos Pasado y Presente*, seria injusto considerar Gramsci como um teórico do "Ocidente", cujas preocupações seriam válidas apenas para os países "industrialmente avançados". Embora considerado como um dos principais nomes do "marxismo ocidental", Gramsci era proveniente do que era outra periferia e sua obra nos oferece valiosas indicações para pensar países de capitalismo tardio, embora suas indagações estivessem voltadas para a compreensão da Itália (RICUPERO, 2000, p.71). É neste sentido que a proposição de internacionalização da Questão Meridional italiana avança em uma hipótese que pretende alcançar um novo modelo de análise. Adota-se como ponto de partida as considerações desenvolvidas no *Caderno 19* sobre o *Risorgimento* italiano, mais especificamente sobre a articulação da "força urbana" e da "força rural" entre o Norte e o Sul da Itália, só que agora destinadas a pensar um contexto mais amplo e diversificado. A noção de subalternidade nasce desta reflexão – fundada em termos geográficos, emerge na obra gramsciana no momento em que este elabora um "terreno comum" entre camponeses e proletariado.

Os *Subaltern Studies* avistaram nesta ideia uma oportunidade de pensar a organização da população indiana (Curti, 2006, p.23). Junto à referência na obra gramsciana, a subalternidade foi estabelecida no projeto indiano como uma atribuição geral para a subordinação existente na sociedade do sul da Ásia, seja em termos de classe, casta, período histórico, gênero ou repartição. Tratava-se, sobretudo, de estabelecer que o domínio da política estava estruturalmente dividido na Índia, e não unificado e homogêneo, como a interpretação da "elite" afirmava. No manifesto de 1982, intitulado *On Some Aspects of the Historiography of Colonial India*, Guha afirmou que o objetivo fundamental era o de produzir análises históricas nas quais os grupos subalternos fossem vistos como sujeitos da história.

Ao usar povo e classes subalternas como sinônimos e definindo ambos como "a diferença demográfica entre o total da população indiana" e o nativo dominante e a elite estrangeira, Guha reivindicava que havia na Índia colonial um domínio "autônomo" da "política do povo" [14] que estava organizado de modo diferente do domínio da política da elite. A localização precisa da elite/subalterno deveria ser estabelecida em cada contexto regional e his-

---

14 David Arnold (2000, p.35) afirma que essa divisão bipartida de uma sociedade hierarquizada de modo complexo como no caso da Índia não se dá sem problemas. Um exemplo óbvio são os camponeses ricos tidos como subalternos quando relacionados à elite do tipo *zamindar*, mas que são propriamente elite apenas nas relações de dominação com o estrato de trabalhadores pobres sem-terra e com os pequenos artesãos e grupos servis. Toda e qualquer sociedade deve se dividir diferentemente em distintas situações, mas, em consistência com a teoria gramsciana, a problemática central deve ser vista como assentada na divisão fundamental e persistente entre os grupos subalternos, trabalhadores, cultivadores e as classes que exercem a dominação econômica e política sobre eles.

Existe um pensamento político subalterno? 37

tórico, de acordo com os princípios gerais estabelecidos por Guha no projeto inicial:

> Nos níveis regionais e locais representam-se tanto classes e outros elementos, como também membros dos grupos dominantes de toda Índia, se incluindo nessa categoria prévia, ou pertencendo a um estrato social hierarquicamente inferior para os grupos dominantes de toda Índia, que agiam de acordo com os interesses desses últimos e não em conformidade com os interesses que verdadeiramente correspondiam ao seu próprio ser social (ID., 1982, p.8).

É importante destacar que há entre os subalternistas a preocupação em ponderar uma pretensão de que, desde a colonização, apenas com eles os indianos teriam se apropriado da capacidade de representarem a si mesmos no âmbito da disciplina de História. Segundo argumenta Dipesh Chakrabarty[15](1999), a história colonial seria repleta de instâncias nas quais indianos se apropriaram do caráter de sujeitos, precisamente ao mobilizar, dentro de um contexto de instituições "modernas" e em nome do projeto moderno de Estado-Nação, artifícios de uma memória coletiva que era tanto anti-histórica quanto anti-moderna. O que dificultou o desenvolvimento de um "pensamento subalterno" não só na Índia, mas no âmbito de todos os países pós-coloniais, era o fato da Europa figurar como uma referência silenciosa enquanto sujeito da História e da própria historiografia (CHAKRABARTY, 1999, p. 264-266; 2000a, p.2).

---

15 Dipesh Chakrabarty é um historiador indiano que tem contribuído para o debate sobre a teoria pós-colonial e os estudos da subalternidade. Atualmente é professor na Universidade de Chicago. Dentre seus trabalhos mais conhecidos, citam-se *Rethinking Working-Class History* (1989) e *Provincializing Europe* (2000b).

38 Camila Góes

Consequência disto, a articulação das experiências, histórias, recursos e produtos culturais foi realizada em torno da hegemonia europeia ou ocidental (Cf. QUIJANO, 2005). Sobre o caso indiano, em especial, há desde meados do século XVIII uma reflexão sobre a natureza dos seus habitantes e sobre as razões do seu "atraso" que instala-se no cerne da constituição de uma "ciência do homem", como ideologia eurocêntrica da civilização vinculada ao processo de colonização (ARICÓ, 1982, p.43-44). A Europa concentrou sob sua hegemonia, portanto, o controle da subjetividade e da cultura, em especial do conhecimento e da produção do conhecimento.[16] Diante disto, a questão que se coloca, enquanto desafio metodológico e prático posto aos *Subaltern Studies,* é a seguinte: "como podemos tocar a consciência do povo, mesmo enquanto investigamos sua política? Com que voz-consciência o subalterno pode falar?" (SPIVAK, 2010, p.62).

Reconhecidos internacionalmente, os *Subaltern Studies* chamaram a atenção, nessas duas décadas, para as especificidades históricas da sociedade indiana, enfatizando o papel primordial dos laços comunitários, religiosos e culturais na formação de classes sociais na Índia.[17] Este conjunto de trabalhos, amplamente difundidos nos anos 1980 e 1990, pretendia pensar os problemas e os dilemas políticos da Índia pós-colonial.

---

16 A crítica ao eurocentrismo é um ponto crucial do projeto engendrado pelos indianos vinculados aos *Subaltern Studies* e apresenta um problema comum aos esforços de Aricó e do grupo de intelectuais da Pasado y Presente. Cabe destacar, bem como, os trabalhos do Conselho Latino Americano de Ciências Sociais (CLACSO) que desde 1967 oferecem uma perspectiva crítica das relações "centro-periferia" no continente latino-americano e da produção de conhecimento no campo das ciências sociais. Ver *A colonialidade do saber: eurocentrismo e ciências sociais* (2005) e *Subalternidad, Antagonismo, Autonomía. Marxismos y subjetivación política* (2010).

17 Seleções provenientes das séries *Subaltern Studies* foram publicadas em inglês, espanhol, bengalês e hindu (Chakrabarty, 2000a, p.9).

Existe um pensamento político subalterno? 39

O último volume da série, o décimo segundo, foi lançado em 2005 em Nova Délhi, editado por Shail Mayaram, M.S.S. Pandian e Ajay Skaria. É possível compreender a contribuição dos *Subaltern Studies*, em linhas gerais, como um esforço coletivo de interpretação da história indiana, com monografias produzidas por intelectuais que se associaram ao projeto como um todo. Os estudos mais bem sucedidos nessa área[18] buscaram situar conflitos sociais locais e movimentos políticos, bem como as complexas relações sociais que constituem o seu diverso contexto material e discursivo (CHANDAVARKAR, 1997, p.181).

Tendo como objeto o coletivo de intelectuais indianos conhecidos como *Subaltern Studies*, cuja trajetória buscamos introduzir até então, este livro procura contribuir em dois eixos principais. O primeiro diz respeito à área mais abrangente do pensamento político, levando em consideração o debate intelectual importante que o grupo suscitou a partir dos anos 1980, chamando a atenção para a noção de subalternidade nos escritos de Gramsci e para as especificidades historiográficas e políticas dos países de passado colonial. Embora o termo "pós-colonial" associe-se a um contexto marcado pela emergência de novas nações na África e na Ásia, em especial a partir da segunda metade do século XX, o alcance desta crítica pode ser estendido de modo a englobar discursos produzidos em outros contextos histórico-geográficos nos quais o mal-estar diante da relação entre "margens" e "centro" estivesse presente e fosse determinante para organizar a reflexão intelectual (Cf. MAIA, 2009). Como segundo eixo, desejamos destacar as contribuições que os

---

18 Destacam-se: *The Coming of the Devi: Adivasi Assertion in Western India* (HARDIMAN, 1987); *Sugarcane and Sugar in Gorakhpur: Na Inquiry into Peasant Production for Capitalist Enterprise in Colonial India* (AMIN, 1984); *Peasant revolt and Indian Nationalism: Peasant Movement in Awadhi, 1919-1922* (PANDEY, 1982), entre outros.

Subaltern Studies trouxeram ao pensamento marxista contemporâneo, e aos estudos gramscianos em especial, a partir das apropriações feitas dos *Cadernos do Cárcere*, com o objetivo de pensar uma nova historiografia para a Índia e outros países pós-coloniais. A partir dos elementos originais que os estudos subalternos trouxeram com vistas ao entendimento dos países de passado colonial dentro do pensamento político, buscamos enriquecer o debate em torno do pensamento gramsciano e das possibilidades de tradução e apropriação internacional de seus conceitos.

Nos interessa, de modo particular, a forma como a noção gramsciana de subalterno, apropriada da leitura dos *Cadernos do Cárcere*, foi mobilizada durante a formação dos *Subaltern Studies* e em seus consequentes desenvolvimentos. Neste sentido, nos manteremos atentos às principais mudanças introduzidas no debate em torno da produção intelectual subalternista, a partir das diferentes influências teóricas, em maior grau entre o marxismo e o pós-estruturalismo. Este processo nos levará, ao menos parcialmente, a compreender de que modo foi possível a tradução dos estudos subalternos para além do contexto nacional indiano para o qual foi inicialmente mobilizado, conformando um corpo original de ideias e conceitos para pensar a política e a história desde o Sul do mundo.

Estes objetivos principais estão organizados em duas partes, que dizem respeito, de modo geral, às distintas fases dos *Subaltern Studies*. A primeira busca dar conta da primeira década de trabalhos subalternistas e recebe o título de *Subalterno como Identidade*. Entendemos que o grupo segue então, pelo menos como inspiração, o desafio proposto por Gramsci ao trabalho do crítico – isto é, o desafio de "encontrar a real identidade sobre a aparente diferença e contradição". Na segunda fase, já dominada por uma noção politicamente ambígua de subalterno, os intelectuais indianos enfatizarão o que há de *Diferença* e, consequentemente, de fragmentação

Existe um pensamento político subalterno? 41

no desenvolvimento social da Índia – invertendo a ordem de prioridades de pesquisa proposta em 1982, sob a liderança de Guha.

A primeira parte abarca dois capítulos. O primeiro, intitulado "Gramsci e a tradução do marxismo na Índia", tem como intuito apreender a apropriação do pensamento político gramsciano pelos *Subaltern Studies*. Além de incidir no específico objetivo de destacar a internacionalização e adaptação das ideias do marxista italiano para o contexto indiano, o capítulo busca examinar, de modo subjacente, o modo como a própria obra de Marx foi repensada no projeto subalternista em duas perspectivas fundamentais: 1) uma releitura de Marx numa perspectiva global, particularmente em relação ao colonialismo e 2) uma exploração dos temas da cultura e da hegemonia no lugar da então preocupação primária com a economia política.[19] O segundo capítulo, intitulado "Dominância sem Hegemonia" propõe um estudo centralizado no livro de Guha, de mesmo nome, pois entendemos ser a obra que mais bem sintetiza e revela a discussão proposta pelos subalternistas, bem como podemos visualizar o balanço teórico do idealizador do projeto, após uma década e meia de trabalho em meio aos subalternistas. Além do mais, é possível entender esta obra como o trabalho mais importante dos *Subaltern Studies*.

A segunda parte abarca o capítulo "Foucault e a Virada Pós-estruturalista", que busca dar conta da influência do pensamento pós-estruturalista no projeto subalternista, bem como retomar o

---

19 Esclarecer que as razões destas leituras "deterministas" não se encontram prontas na própria obra de Marx, mesmo em sua análise do particular domínio colonial na Índia, mas são condicionadas por opções teórico-políticas contestáveis, possui um lugar importante em nossa argumentação. Isso porque nos ajuda a entender o peso da influência de Antonio Gramsci sobre o projeto indiano, e de sua leitura da história a partir de uma interpretação de Marx, o que o levará ao projeto esboçado no *Caderno 25* intitulado "Às Margens da História. História dos grupos sociais subalternos".

conflito que esta corrente teórica promoveu ao se combinar com as ideias marxistas, principalmente no que tange as teorizações sobre os modos de poder e dominação. Por fim, "*Subaltern Studies* como crítica pós-colonial" tem como objetivo entender o movimento de internacionalização do grupo, servindo a sua utilização na América Latina como exemplo desse processo. De maneira concomitante, destacamos o lugar conquistado pelo trabalho subalternista em meio à teoria pós-colonial.

I

Subalterno como Identidade

Gramsci e a tradução do marxismo na Índia

Se o político é historiador (no sentido de que não só faz a história, mas agindo no presente interpreta o passado), o historiador também é político, e neste sentido, história é sempre história contemporânea, isto é, política.

Antonio Gramsci
1975, p.1242

A interpretação historiográfica corrente a respeito do colonialismo na Índia foi normalmente definida em termos de uma mudança do semi-feudalismo para o capitalismo, como inauguração da "politização dos colonizados" (SPIVAK, 1988, p.3). Essa visada eurocêntrica esteve presente no debate intelectual marxista indiano, tendo sido sugerida até mesmo por Marx e Engels em seus estudos sobre o país, que somaram um total de 33 artigos para o jornal *New York Daily Tribune* (NYDT) – 12 deles em 1853, 15 em 1857 e 6 em 1858.[1]

Os primeiros artigos de Marx e Engels (cf. MARX 1978; MARX; ENGELS, 2001) sobre o contexto indiano apresentaram uma maior inclinação a amplas generalizações, inexatidões e desinformações. Marx sabia pouco sobre a Índia quando começou a escrever, o que fica claro quando se atenta ao fato de que ele pensava que todos os direitos de posse sobre a região agrícola indiana eram de estrangeiros mesmo antes da dominação britânica. Essa a ideia era propagada pelas autoridades inglesas, visto que eram os novos governantes, buscando convencer a população indiana de que possuíam *naturalmente* esse direito sobre a terra. Apenas quatro anos depois, em 1857, quando começou a escrever a segunda seção de artigos sobre a Índia, Marx percebeu que esse fato poderia ser entendido no máximo como uma espécie de "ficção legal", embora tenha permanecido sem compreender completamente o complexo sistema agrícola da Índia pré-britânica. O autor só adquiriu algum senso de tamanha complexidade muito depois, quando a Índia passou a figurar em seus escritos apenas como caso comparativo (AHMAD, 2001, p.16-17).

A propósito do que os escritos de Marx e Engels sobre a Índia significam, existem duas opiniões comuns entre os historiadores – e ambas são, de certo modo, "inapropriadas e incompletas" (KAVIRAJ, 1983, p.27). A primeira é aquela em que se seleciona nas observações de Marx sobre a história indiana uma

---

[1] Apresento aqui uma breve discussão a respeito da interpretação marx-engelsiana da questão colonial indiana, resultado de um estudo que realizei em um artigo intitulado "A Índia na obra de Marx e Engels: entre a filosofia da história e a política" publicado na *Revista História & Luta de Classes*, v.8, 2012.

Existe um pensamento político subalterno? 47

série de proposições empíricas sobre a estrutura das formas sociais tradicionais na Índia. Nessa visão, a sociedade indiana tradicional é vista apenas como uma forma de feudalismo. A outra interpretação, contrária, defende que as observações de Marx são casuais, episódicas, ocasionais e não haveria, nesse sentido, uma necessidade lógica por trás delas. Para entender a análise colonial marx-engelsiana, entretanto, é crucial perceber as orientações teóricas e os contextos históricos sobre os quais esses autores se debruçaram – notavelmente identificado na influência da ciência empírica inglesa e da filosofia clássica alemã.

É possível entender Marx, deste modo, não como o fundador de um "sistema fechado", mas antes como o instaurador de um modelo de pesquisa que se estende à modernidade. Estabelece-se como pano de fundo para as considerações marx-egelsianas acerca da questão indiana a busca mais abrangente por uma compreensão do capitalismo. Marx teria iniciado seus estudos, então, a fim de verificar a possibilidade de ter se desenvolvido uma formação econômico-social distinta das que ocorreram na Europa Ocidental. No entanto, notou que com a inserção da Índia no mercado internacional a partir da fixação britânica, houve uma dissolução das antigas relações sociais de modo drástico – tendo oscilado de um juízo mais "positivo" sobre essa interferência inglesa como força civilizatória para uma avaliação mais "negativa" pós 1857 com a denúncia das atrocidades britânicas na Índia como justificativa para a Revolta dos Cipaios.[2]

---

2 No dia 22 de janeiro de 1857, o fogo incendiário arrebentou nos postos militares próximos à Calcutá, e em 25 do mesmo mês, o 19º Regimento Nativo amotinou-se em Berhampore. Em fins de março, tal regimento debandou e o Regimento Cipaio localizado em Barrackpore permitiu que um de seus homens avançasse com um mosquete carregado à frente da linha do campo de batalha e após chamar seus camaradas para o motim, foi permitido a ele que atacasse e golpeasse o Ajudante e Sargento-Maior de seu regimento. Ao

Marx e Engels simpatizaram com esta insurreição do exército indiano, mas anteviram também seu fracasso, devido à ausência na sociedade indiana do que Engels chamou de "elemento científico", que inclui os aspectos básicos dos movimentos liberais modernos: "uma liderança política centralizada e um comando militar unificado" (AHMAD, 2001 , p.19). A real mudança no pensamento de Marx ao longo desse período consistiu no fato de ele ter se tornado notavelmente menos entusiasta do papel "inconsciente" do colonialismo. Como argumenta Bensaïd, a história em Marx se universaliza não porque tende à realização de sua "Ideia», ou porque seja aspirada para um fim do qual tiraria retrospectivamente sua unidade significativa, mas sim, "pura e simplesmente", em função de um "processo de universalização efetiva" (BENSAÏD, 2009, p.38).

Desde 1847, Marx tinha virado a página da "História universal" do agrado da chamada "filosofia especulativa". Consciente do que rejeitara, ele o foi igualmente da tarefa que resultava – "nada menos do que a *invenção de uma outra escrita da história*" (IBID., p.38, *grifos meus*). A contradição presente nos textos marx-engelsianos, o contratempo, nos termos de Bensaïd, é considerado como "o modo real da história" e a política é exatamente o encontro entre esses pontos discordes.[3] O desenvolvimento desigual entre as esfe-

---

longo do conflito, milhares de cipaios observaram passivamente, enquanto outros participavam da luta e atacavam os oficiais com seus mosquetes. Subsequentemente, o Regimento Cipaio também debandou. O mês de abril foi marcado por fogos incendiários em diversos postos militares do exército bengalês em Allahabad, Agra e Ambala, por um motim do 3º Regimento da Cavalaria em Meerut, e por aparências similares de desafeição nos exércitos de Madras e Bombay.

3 Bensaïd resgata na obra de Marx uma noção do tempo marcada pelo contratempo e pela não-contemporaneidade, capaz de explodir e fragmentar as linhas evolutivas próprias da historiografia positivista, revelando descontinuidades radicais e saltos acrobáticos no espaço-tempo da história. Ao invés de uma concepção teleológica da história, que a reduziria a mera espera, uma concepção da história como tragédia. Ao invés de uma narrativa histo-

Existe um pensamento político subalterno? 49

ras sociais, jurídicas e culturais obrigava a pensar um progresso que não fosse nem automático nem uniforme. A história, assim concebida, não é de modo algum universal por natureza e em todo o tempo – ela se torna universal por um processo de universalização real e somente então pode começar a ser pensada como universalidade em devir (IBID., p.43).

Em guarda contra leituras "inapropriadas e incompletas" da obra de Marx no tocante à interpretação da questão colonial indiana, os *Subaltern Studies* buscaram realizar pesquisas historiográficas inspiradas em fontes "heterodoxas" do marxismo para enfrentar os desafios postos pelo próprio debate político e intelectual daquele contexto específico. Há no trabalho dos subalternistas, segundo argumenta Chakrabarty, uma leitura historicista dos fundamentos epistemológicos e metodológicos de Marx:

> Mantiveram-se sempre ambiguidades suficientes nos seus postulados [de Marx] de modo a tornar possível a emergência de narrativas históricas "marxistas". Estas narrativas giram em torno do tema da "transição histórica". A maior parte das histórias do terceiro-mundo são escritas em meio às problemáticas colocadas por esta narrativa da transição, que tem como temas primordiais (mesmo que muitas vezes implícito) os do desenvolvimento, da modernização e do capitalismo (CHAKRABARTY, 1999, p.267).

É em conformidade com esta leitura de Marx que Partha Chatterjee (1988, p.387) enfatiza a necessidade de se revisitar a história de ascensão dos Estados-nacionais capitalistas no mundo, em busca de apresentar os caminhos específicos através dos quais emergiram ao modo de dominação burguês. É certo, se-

---

riográfica que pusesse ordem no caos dos fatos, uma nova escrita da história (BIANCHI, 2008, p. 48-49).

gundo este teórico subalternista, que até o caso mais clássico revelará a evolução de um processo político composto tanto de não-linearidades e disjunções, como de continuidades, representando compromissos numerosos com outros modos de exercício do poder e com a sobrevivência de instituições, conceitos e formas de autoridade feudais (CHATTERJEE, 1988, p.387). A identificação de diferenças específicas na ascensão do modo de domínio do poder burguês, e nos limites deste domínio, é central para um entendimento histórico dos conflitos de classe em países capitalistas particulares.

Toda uma geração de historiadores marxistas na Índia, a despeito de suas diferenças políticas, concordou com a interpretação de que a história intelectual indiana, ao longo dos séculos XIX e XX, havia se constituído de uma luta entre forças da reação e do progresso. A abordagem foi tanto sociológica quanto funcional. Havia a tentativa de reduzir ideias "tradicionais-conservadoras" e "racionais-modernas" às suas raízes sociais – classes reacionárias e progressivas, respectivamente. Ao mesmo tempo, se colocava a tentativa de julgar a efetividade destas ideias em termos de suas consequências – ou seja, se promoviam ou não a luta nacional democrática contra a dominação e exploração colonial. Chatterjee destaca que essas duas investigações levaram, na maior parte das vezes, a resultados contraditórios – "o nacional não foi sempre secular e moderno; o popular e democrático muitas vezes foi tradicional e até mesmo fanaticamente anti-moderno" (IBID., p.23).

Ao longo da década de 1970, tomaram lugar diversos questionamentos a estes usos do marxismo na história indiana. Estes questionamentos eram colocados por dentro da perspectiva marxista, mas pressupondo uma crítica severa às formulações da chamada "renascença" indiana do século XIX e início do XX. É nesse sentido que a ida a Gramsci para formular um projeto de pesquisa baseado em pressupostos marxistas adquire significado, uma vez que pressupõe uma implícita leitura desviante de Marx na busca por refletir perguntas tais quais "como escrever a história?", ou mesmo como "o marxismo pode ser entendido enquanto metodologia histórica?"

Estas questões figuram como temas importantes no pensamento de Antonio Gramsci. Não por acaso, o marxista sardo inaugurou seus *Cadernos do Cárcere*, em 8 de fevereiro de 1929, com o tema "teoria da história e da historiografia"[4] como o primeiro dos argumentos principais que orientariam sua pesquisa e reflexão na prisão (Q.1, §1, p. 5). A segunda vez em que o termo apareceu foi no *Caderno 4*, no qual Gramsci afirmava ser "possível sempre realizar a teoria da história passada e da política atual dado que, se os fatos são individuais e sempre mutáveis no fluxo do movimento histórico, os conceitos podem ser teorizados" (Q.4, §13, p. 435). Gramsci apresentava, aqui, uma correlação entre a mutabilidade dos fatos e a teorização dos conceitos, a qual pretendia desenvolver mais a fundo.

Depois de 1929, o termo "teoria da história" reapareceu nos *Cadernos* entre abril e maio de 1932, período já adiantado da pesquisa gramsciana na prisão, como parte de um sumário organizado para orientar o que deveria ser um estudo monográfico sobre a filosofia de Benedetto Croce.[5] Aqui, Gramsci apresentou seu interesse em estudar o período no qual Croce teria desenvolvido sua reflexão a respeito da teoria da história (Q.10, §1, p.1207). Apreender

---

4   Apresento, nesta ocasião, resultados de um estudo realizado juntamente com Daniela Mussi intitulado "Subaltern Studies e a atualidade da teoria gramsciana da história", apresentado no 36º Encontro Nacional da ANPOCS em 2012.

5   O desenvolvimento intelectual de Benedetto Croce esteve vinculado com sua ambição por revisar as ideias de Karl Marx desde o final do século XIX, iniciativa que se converteu em rejeição explícita deste depois de 1916, contexto da publicação de Storia d'Italia dal 1871 al 1915 na península (CROCE, 2007, 1962).

o núcleo desta teoria era elementar – além disso – para entender a liderança assumida por Croce diante "das correntes revisionistas" do marxismo na Europa e, ao compreendê-la, seria possível explicar os diferentes momentos da atividade intelectual do filósofo napolitano (ibid., p. 1207). Em outras palavras, Gramsci queria conduzir um estudo capaz de evidenciar como o desenvolvimento do pensamento crociano coincidia com uma concreta, consciente e permanente investida política em direção ao marxismo.

Para tal, Gramsci evidenciou a importância de retornar aos textos de Marx, em especial ao *Prefácio de 1859* para poder realizar uma tradução mais correta do seu conteúdo. Sua interpretação era composta de uma dupla crítica: à influência do positivismo nas iniciativas de interpretação dos textos de Marx quando da recepção destes na Itália, representada pelo "reducionismo evolucionista" de Achille Loria; mas também ao revisionismo neoidealista de Croce. Este embate com as principais correntes interpretativas do marxismo na Itália é um dos caminhos que nos auxiliam a entender a questão do "por que Gramsci?" quando refletimos acerca de seu papel enquanto influência fundamental da fundação dos *Subaltern Studies* na Índia.

Com a rubrica "Questões Gerais", Gramsci retomou o problema tratado por Croce nos primeiros anos do século, e o fez da seguinte forma: "como nasce o movimento histórico sobre a base da estrutura?" (Q. 11, §22, p. 1422). Para enfrentá-lo, retomou o Prefácio de 1859, especialmente na tradução da passagem: "a humanidade se propõe sempre aquelas tarefas que é capaz de resolver...; a tarefa mesma surge apenas onde as condições materiais para a sua resolução já existem ou ao menos estão em vias de surgir" (Q. 11, §22, p.1422).

Para Gramsci, a capacidade de distinguir entre o relativamente permanente e a flutuação ocasional no plano analítico era

Existe um pensamento político subalterno? 53

nada menos que a novidade do marxismo, o que lhe permitia constituir-se como uma teoria da história. Essa interpretação se expressou de forma mais contundente no *Caderno 11*, quando Gramsci expôs o problema como a "questão da objetividade do conhecimento" no marxismo:

> A questão da "objetividade" do conhecimento segundo a filosofia da práxis pode ser elaborada partindo da proposição (contida no Prefácio à Crítica da Economia Política) de que "os homens se tornam conscientes (do conflito entre as forças materiais de produção) no terreno ideológico" das formas jurídicas, políticas, religiosas, artísticas, filosóficas. Mas essa consciência é limitada ao conflito ente forças materiais de produção e as relações de produção – conforme a letra do texto – ou se refere a cada conhecimento consciente? Este é o ponto que é preciso elaborar e que pode sê-lo por meio de todo o conjunto da doutrina filosófica do valor das superestruturas (Q.11, §64, p.1492).

Ao intervir sobre "a letra do texto" de Marx, impondo o problema do "conhecimento consciente" como elemento central para compreensão do conflito entre as forças materiais de produção e as relações de produção, Gramsci buscava conscientemente retraduzir para o âmbito marxista a problemática posta por Croce sobre o elemento subjetivo. A grande contribuição de Croce ao marxismo, na opinião de Gramsci, fora perceber que a concepção positivista da história era incapaz de oferecer um tratamento adequado para a relação entre os polos do problema histórico. E isso, para Gramsci, se tornava evidente quando o marxismo era apresentado a partir da perspectiva positivista:

> a dialética é pressuposta muito superficialmente, não é exposta (...). A ausência de um tratamento da dialética pode ter duas origens: a primeira pode ser explicada pelo fato de

> que se pressupõe a cisão da filosofia da práxis em duas –
> uma teoria da história e da política concebida como socio-
> logia, ou seja, constituída de acordo com os métodos das
> ciências naturais (...). A segunda origem parece ser de ca-
> ráter psicológico. Se considera a dialética como algo muito
> árduo e difícil, na medida em que pensar dialeticamente
> vai de encontro ao senso comum vulgar, que é dogmático
> (...) (Q.11, §22, p.1424-1426).

O marxismo deveria ser pensado como uma concepção de mundo integral. Isso, para Gramsci, significava que separada da história e da política, a filosofia não poderia ser, senão, metafísica. Por outro lado, a maior conquista do pensamento moderno, representada pela "filosofia da práxis" – expressão forjada por Antonio Labriola para se referir ao marxismo – era justamente sua capacidade de historicização concreta da filosofia, de sua identificação com a história (Q.11, §22, p. 1426). Além disso, Gramsci criticava a falta de orientação historicista que levava muitos intelectuais a uma forma ingênua de metafísica na tentativa de construir uma "sociologia marxista". Como "sociologia", o materialismo histórico era incapaz de superar a sociologia tradicional como concepção de mundo – isto é, se tornar "metodologia histórica" (KANOUSSI, 2007, p.84).

Nesse sentido, em um parágrafo intitulado "Como estudar a história?", escrito em fevereiro de 1933 no Caderno 14, o marxista italiano afirmou que a necessidade do conhecimento de todo um processo histórico era intimamente vinculada à necessidade de "dar conta do presente", ou seja, de conferir certa verossimilhança às previsões políticas do presente e, assim, concretizá-las (Q.14, § 63, p.1723). Isso significa que toda atividade filosófica, após distinguir aquilo que é "histórico" de uma determinada filosofia, se depara com um "resíduo" que não pode ser explicado pelo passado; que atua sempre a partir de

Existe um pensamento político subalterno? 55

uma exigência histórica, mesmo quando realizada por um filósofo "indivíduo", de modo pessoal. Gramsci reconhecia que a personalidade particular do filósofo incide sempre sobre a forma concreta e expressiva de sua filosofia. Porém, na medida em que a filosofia é feita sempre no presente, esta não se desenvolve apenas "de outra filosofia", mas se dá como uma solução contínua dos problemas que o desenvolvimento histórico propõe.

Além de afirmar a identidade entre o pensamento e as necessidades do presente, Gramsci enfrentou a separação destes em relação à história por meio da defesa do historicismo absoluto como método próprio do marxismo. A história, aqui, foi concebida como o movimento no qual são edificadas constantemente as concepções de mundo; e a política como a atividade de "mundanização" e a "terrenalidade" absoluta do pensamento (Q.11, §27, p.1437). Gramsci se esforçava por fixar nos Cadernos a teoria da história a partir da mudança e não na permanência dos fatos (Q. 4, §39, p.465). Contra o pressuposto crociano do papel submisso da história em relação à filosofia, do agir em relação ao pensar, Gramsci afirmou que nenhum "esquema geral", teórico, não poderia deixar de assumir "forma vivente", histórica; e, como teoria da história o materialismo histórico deveria ser considerado em uma relação orgânica com a política, o movimento de mundanização de todo pensamento.

A interpretação original do Prefácio de 1859, levada a cabo por Gramsci, permitiu o desenvolvimento mais geral do marxismo como teoria da história. No entanto, Gramsci foi além disso, buscou desenhar um programa e uma metodologia de pesquisa coerente com essa teoria, presentes no *Caderno 25*, intitulado "Às margens da história. História dos grupos sociais subalternos." Em sua primeira observação metodológica, Gramsci chamava a atenção para o fato de que a história das classes subalternas é necessariamente desregrada e episódica: existe na atividade dessas classes uma tendência à unificação, ainda que em plano provisório, mas essa é a parte menos aparente, que se mostra apenas quando a vitória é alcançada. A segunda, de que as classes subalternas sofrem a iniciativa da classe dominante; mesmo quando se rebelam, estão em estado de defesa alarmada (Q25, §2, p.2283-2284). Ainda nesse Caderno, Gramsci refinou essa observação:

> a unidade histórica das classes dirigentes se dá no Estado e a história deste é essencialmente a história dos Estados e dos grupos de Estados. (...) A unidade histórica fundamental, pela sua concretude, é resultado das relações orgânicas entre Estado, ou sociedade política, e "sociedade civil". As classes subalternas, por definição, não estão unificadas e não podem se unificar enquanto não se tornarem "Estado": a sua história, portanto, se confunde com a da sociedade civil, é uma função "desregrada" e descontínua da história da sociedade civil e, por isso, da história dos Estados ou grupos de Estados (Q.25, §5, p. 2287-2288).

Desta forma, o marxista sardo dificultou a "tentação" de conceber uma leitura marxista da história que entendesse a superestrutura ideológica como estritamente ligada à estrutura econômica, ao mesmo tempo em que destacou a complexidade das formações sociais. Sua abordagem provê um modo de entender a cultura, na sua relação com o poder, as classes sociais, a ideologia e principalmente com a hegemonia, que possibilita uma singular e constitutiva capacidade de adaptação e tradução para aqueles que se baseiam em seu conteúdo, apropriando-se de suas noções ao analisar situações muito diversas daquelas nas quais conheceu e viveu (BARATTA, 2009, p.17).

Existe um pensamento político subalterno? 57

Por uma história das classes e grupos sociais subalternos indianos

Ranajit Guha (2009) considera Gramsci um mestre para os *Subaltern Studies*. Na relação entre aprendizes e mestres, a influência age em um processo de duas direções das quais são ativas ambas as partes. É por isso que uma aula traz benefício ao aluno que participa, mas não deixa marcas em um que permanece indiferente. Sobre esse aspecto, Guha acredita que a influência assemelha um pouco aquilo que a biologia chamou de "adaptação". Gramsci mesmo usa essa terminação como metáfora ao afirmar que a continuidade pode criar uma tradição saudável, se o povo puder participar ativamente daquilo que define como "desenvolvimento orgânico". Segundo o autor, esse processo é um "problema de educação das massas, de suas 'conformações' segundo a exigência de "um fim para alcançar" (Q6, § 84, p.84).

Durante um período, as ciências biológicas consideravam a "adaptação" como um fenômeno providencial estreitamente circunscrito a alguns ecossistemas segundo um esquema pré-ordenado. Depois de Darwin, entretanto, foi reconhecido como um processo de todo casual, no qual um organismo se adapta enquanto houver a oportunidade de sobreviver e de se reproduzir. Essa circunstância basta para explicar o porquê do pensamento gramsciano ter rendido mais frutos em países distantes do que em seu próprio continente de origem, segundo Guha (2009). Também na Índia, com todo o sucesso que encontrou, não se enraizou onde se deveria esperá-lo, mas em um contexto totalmente diverso (GUHA, 2009, p.31).

O projeto dos *Subaltern Studies,* como nos explica o historiador indiano, manteve distância dos grupos de intelectuais marxistas tradicionais e militantes comunistas indianos do período. O partido comunista indiano havia cindido em 1964, dando origem ao Partido Comunista Indiano (PCI), alinhado aos interesses soviéticos e ao Partido Comunista Indiano Marxista (PCIM), de orientação maoísta. Nenhum destes partidos havia estabelecido Gramsci enquanto influência em seus programas políticos, tampouco conheciam sua vida ou sua obra até fins de 1964. "Aos olhos dos *Subaltern Studies*", ambos os partidos representavam uma "extensão liberal de esquerda da elite que estava no poder" (ibid., p.32). Segundo o historiador indiano, isso não significa entender os *Subaltern Studies* como "apolíticos ou anticomunistas". Ao contrário, na "tentativa de elaborar uma crítica radical ao colonialismo e à presença colonialista que permaneceu no estudo da história e da sociedade da Ásia meridional" se consideravam "propriamente marxistas" e se opunham aos "dois partidos comunistas oficiais pelo uso oportuno e dogmático do marxismo que faziam" (IBID., p.32).

Despontados em meio acadêmico, um dos importantes fatores para considerar nas origens intelectuais dos *Subaltern Studies* no que se refere à apropriação de conceitos marxistas, e em especial de Antonio Gramsci, se deve ao papel desempenhado por Susobhan Sarkar. Foi Sarkar quem forneceu a primeira recepção abrangente de Gramsci em toda Índia. O historiador de Bengali lecionou no Presidence College de Calcutá quando Ranajit Guha era ainda um aluno e estabeleceu, assim, seu primeiro contato com a obra gramsciana. Em fins da década de 1950, momento em que a maioria dos "marxistas ocidentais" não estava ainda familiarizada com Gramsci, Sarkar já havia iniciado a discussão sobre a obra do marxista sardo com seus alunos. Foi nesse mesmo período que Guha se tornou colega de Sarkar no Departamento de História da Universidade de Jadavpur. O interesse de Sarkar por Gramsci persistiu na década seguinte, tendo publicado *The thought of Gramsci* em 1968. A acessibilidade das traduções para o

Existe um pensamento político subalterno? 59

inglês, nesse período, originou um pequeno público literato sobre Gramsci na Índia (CHATUVERDI, 2000, p.viii).

O grupo marxista do qual provém Guha surgiu deste ambiente intelectual, no final da década de 1970, com o Centro de Estudos de Ciências Sociais (CSSC) de Calcutá. Guha já havia tido uma carreira intelectual e política marcada por difíceis relações com todos os considerados "grandes" do marxismo indiano dos anos de 1950 e 1960.[6] Sob a sua decisiva influência, se reuniram os principais intelectuais que compuseram e fundaram os *Subaltern Studies*.

O contexto que condicionou as opções teóricas e políticas que levaram ao surgimento do projeto "subalternista" caracteriza-se, fundamentalmente, pelo movimento camponês naxalista. Esse movimento consistiu em uma breve experiência derrotada com a contribuição das forças conjuntas do Congresso e dos dois partidos comunistas da época, em uma série de operações repressivas que compreenderam o período de 1968 a 1971 (GUHA, 2009, p.32). O que deu força a esse movimento em tão curto espaço de tempo, segundo argumenta Guha, foi o difuso descontentamento com a formação política da nova República Indiana que havia chegado ao poder em 1947.

O desastre dos anos 1940 – a guerra, a carência, a divisão do subcontinente em dois Estados provocando o êxodo de centenas de milhares e um conflito sectário que passou para a história pela violência sem igual naquela região – suscitou um impacto do qual a população continuou a sofrer por décadas depois da Independência. Entre os pobres das cidades e dos campos, compreendendo também a classe média levada à pobreza, se esperava uma sensível

---

6   Depois de um intenso período de militância política e sindical, Guha sai do Partido Comunista Indiano em 1956 e passa a se dedicar à carreira acadêmica, tendo se transferido para a Inglaterra nos anos 1960 para lecionar na Universidade de Sussex.

melhora de condições com o novo governo independente da Índia. No entanto, a elite no poder, representada pelo Partido do Congresso, concentrou sua preocupação em consolidar seu controle sobre o patrimônio herdado dos ingleses.

De acordo com Guha, quando os "patrões coloniais" foram obrigados a sair e a ocupação havia finalmente terminado, legiões foram esquecidas e os generais trataram rapidamente de "manipular o aparato estatal para assegurar os interesses das classes e da comunidade que representavam" (IBID., p.33). A elite no poder reprimiu cada foco de resistência recorrendo ao exército, à polícia e às leis, e os críticos tiveram de se contentar a ser oposição no parlamento. Embora essa estratégia tenha funcionado relativamente, não foi o bastante para silenciar a oposição que crescia do lado de fora do congresso. No final dos anos 1960, a miséria havia chegado a um tal nível que fez com que uma faísca tenha sido o suficiente para explodir a revolta das massas – essa faísca veio do movimento camponês de Naxalbari. O movimento se iniciou como uma revolta local contra os proprietários de terra, mas logo se tornou um sinal de insurreição em pequena escala para outras zonas do campo. Não é menos significativo o fato de que se difundiu também nas zonas urbanas.

A força deste movimento nasce da "desilusão" de duas gerações com a classe governamental e com os elementos dominantes da sociedade. A geração mais velha estava desiludida porque os governantes não haviam mantido as promessas de um futuro melhor que, quando eram chefes do movimento nacionalista, haviam usado para mobilizar as massas em busca da Independência. Já a geração mais jovem estava desiludida porque os partidos e o governo não souberam garantir a eles um futuro melhor do que haviam passado ao longo da infância. É também este duplo descontentamento que traz força aos *Subaltern Studies*. Guha é

Existe um pensamento político subalterno? 61

representante da geração mais velha, enquanto os outros intelectuais do grupo pertencem à geração mais jovem. Desta forma, o projeto "subalternista" pode ser visto como "parte orgânica de seu tempo" e não simplesmente como um conjunto independente de observações acadêmicas.

Uma premissa do projeto subalternista é a de que o fim do domínio colonial não originou nada que substituísse ou modificasse substancialmente seu principal aparato: o Estado, transferido intacto para o novo regime. É por isso que, como consequência, quando o poder passou às mãos dos indianos e a miséria do velho regime prosseguiu inalterada, a situação do presente restituiu diretamente o seu passado imediato. Esta associação abriu um amplo espaço no qual perguntas e preocupações puderam se reunir em torno de temas contíguos do Estado e da sociedade civil. Tanto sobre um, como sobre outro, a obra de Gramsci ofereceu uma contribuição importante. No entanto, foi necessário adaptar a situação indiana, traduzi-la da experiência italiana sobre a qual as reflexões gramscianas tinham lugar.

Na tentativa de entender a distância estabelecida entre o povo e o governo, os *Subaltern Studies* recorreram à teoria gramsciana da hegemonia. O Estado colonial havia sido conquistado pelos ingleses não com o consenso da população local, mas com a força. Embora tivessem escolhido o temor como o princípio fundamental do governo, os ingleses se deram conta de que para convencer a elite indiana a sustentar o Raj, precisariam recorrer a diversos meios ideológicos e materiais – e, de fato, conseguiram fazê-lo durar por quase dois séculos. Os *Subaltern Studies* assumiram a tarefa de colocar os momentos particulares desta complexa relação em uma configuração geral de poder.

Poder havia significado, ao longo da história indiana, não só a desigualdade entre conquistadores ingleses e súditos indianos, mas entre dominantes e dominados também em termos de classe, casta, gênero, geração e assim por diante. Esta desigualdade de relações, com todas as suas diversidades e transformações, deriva de uma relação geral de domínio e subordinação: domínio por coerção e persuasão, subordinação por colaboração e resistência. A reciprocidade de domínio e subordinação é, para Guha:

> lógica e universal; mas o mesmo não vale para as respectivas cópias constitutivas, que se implicam reciprocamente somente em certas condições, e a saber, de maneira contingente. Como consequência, mais que os conceitos abstratos de domínio e subordinação, são estas condições que exprimem concretamente o dinamismo da experiência histórica em todo seu escorrer e fluir. De fato, são propriamente estes componentes do domínio e da subordinação que distribuem seus momentos em várias combinações, a distinguir uma sociedade de outra e um acontecimento do outro, segundo as especificidades das relações de poder características de cada um (Guha, 2009, p.36).

Deste modo, o caráter da interrelação entre domínio e subordinação em cada caso particular depende do peso relativo aos elementos de coerção e persuasão no domínio, de resistência e colaboração na subordinação – em outras palavras, da composição orgânica daquela relação de poder. A noção de hegemonia se estabelece no argumento de Guha como uma "condição de domínio" de tal forma que, em uma posição orgânica de composição de domínio, a persuasão sobrepõe-se à coerção. Nesse sentido, o Estado colonial é considerado por Guha como uma "dominância sem hegemonia" – nos reteremos mais detidamente sobre esse argumento no próximo capítulo.

Esse conceito se tornou importante por definir a articulação da categoria de subalterno. O ponto de vista monístico da política indiana oferecia certa vantagem para o discurso da elite ao permitir que a elite se comprometesse com a simples noção de que o estado colonial era genericamente o mesmo que o estado metropolitano posterior a esse. Mas como pôde um estado constituído de cidadãos ser dito como fundamentalmente indiferente a um estado colonial sem cidadania? O que tornou possível sustentar o discurso colonial e evitar tal questionamento foi a suposição de que a dominação colonial era baseada no consentimento tanto quanto a dominação da burguesia metropolitana em um soberano país ocidental é baseada no consentimento de seus "cidadãos". Uma das críticas mais importantes veiculada pelos *Subaltern Studies* foi no sentido de negar este discurso hegemônico:

> Longe de ser abençoado com a concordância e a cooperação daqueles pelos quais isso foi imposto por subjugação, o pesadelo chamado de Raj foi um domínio sem hegemonia, que é, um domínio no qual o movimento da persuasão excede em peso à coerção, sem, no entanto, eliminá-la completamente (ID., 1999, p.XVII).

Interessante notar que foi o termo "elitista" – e não "hegemônico" – aquele definido como o par conceitual de "subalterno" pelos *Subaltern Studies*. No manifesto de 1982 do grupo, intitulado *On Some Aspects of the Historiography of Colonial India,* o sentido do termo "subalterno" era dado por Guha com referência ao dicionário de Oxford: entendido como "grau inferior", uma atribuição geral para a subordinação existente na sociedade do sul da Ásia, em termos de classe, casta, período histórico, gênero ou estratificação. Logo após essa definição formal, se seguia uma referência ao projeto esboçado por Gramsci em seu *Caderno 25,* dedicado à história das classes subalternas. Guha afirmou nesta ocasião, prefaciando o primeiro volume da coletânea de artigos subalternistas, que embora inspirado em Gramsci, seria "indolente" equiparar o projeto "subalternista" ao projeto previsto pelo marxista italiano em suas *Notes on Italian History*, traduzidas para língua inglesa em 1971.[7]

Tratava-se, sobretudo, de destacar a centralidade e efeitos das relações de dominação na história indiana sobre os subalternos. Embora não se pretendesse "ignorar" o dominante, uma vez que o subalterno está sempre sujeitado à sua ação, o objetivo principal era o de retificar o viés *elitista* característico de grande parte das pesquisas e trabalhos acadêmicos sul-asiáticos. Este ato de retificação nascia da convicção que as elites haviam exercido dominância, mas não *hegemonia,* sobre os subalternos. Apoiados nesta noção de hegemonia e subalternidade, os *Subaltern Studies* buscavam investigar os contornos da cultura marginal e reprimida do governo colonial. Os intelectuais indianos se concentraram sobre uma proposta metodológica para o estudo da história dos grupos subalternos e sua relação com os dominantes. Neste caso, o estudo do colonialismo deveria abrir um campo de estudos que levasse em consideração as múltiplas diversidades da vida subalterna, especialmente no âmbito da resistência, que fosse além da extrema simplificação presente nas interpretações elitistas e nacionalistas da história indiana.

A subalternidade era entendida ainda como um contraste ao uso corrente do conceito de classe da época – como um efeito de relações de poder expressado por uma variedade de significados – linguísticos, econômicos, sociais e culturais. O papel da cultura é fundamental neste processo, na medida em que o projeto subalternista buscava diferenciar o uso de classe de seu sentido

---

7   Essa edição é composta em maior parte pelo volume III dos *Quaderni del carcere*, da edição crítica de Valentino Gerratana. Destacam-se nesse volume o *Caderno 19* e algumas notas do *Caderno 25*.

apenas econômico. Gramsci era relevante, portanto, pois havia elaborado junto à noção de hegemonia o seu par dialético de subalterno, dando uma importância definitiva aos temas da cultura e do senso comum para a sua compreensão e mantendo a política no centro da elaboração, dando-lhe um sentido. No caso dos subalternistas, permanece uma tensão em na teorização do grupo sobre a noção de subalternidade. Ora visto como sujeito, como unidade na diferença, ora visto como sinônimo de povo, em sentido demasiadamente amplo, o subalterno era todo aquele que se subordinava à direção das classes dirigentes, ao mesmo tempo em que possuía um domínio da política autônomo, embora não desintegrado, destas classes.

Para Gayatri Spivak (1988), todo o trabalho dos *Subaltern Studies* é uma expansão e enriquecimento da noção de subalterno desenvolvida por Antonio Gramsci na medida em que busca rebater uma concepção do homem entendido como um sujeito passivo. A "heterogeneidade" que os subalternos representam só pode ser descoberta, para Spivak, quando vistos na "posição de sujeito". Com isso, se ponderou a fragilidade da noção de nação e de democracia, quando a elite, o estrangeiro e o indígena intervêm contra a emergência de um povo comum (SPIVAK, 1988, p.XII). Não obstante, Edward Said na introdução de *Selected Subaltern Studies* (1988), registra que foi através de Gramsci que se estabeleceu que onde quer que haja história, há também classes, e que essa essência do histórico reside em uma longa e extraordinária interação entre "governantes" e "governados", entre elite dominante, ou classe hegemônica, e classe subalterna, ou emergente classe de governados pela coerção (SAID, 1988, p.VI). No entanto, se reconhece que subordinação não pode ser entendida se não como um dos termos constitutivos de uma relação binária, na qual "o outro" é o dominante.

A distinção entre colonizados, migrantes e proletários, por exemplo, não pode se dar simplesmente através da análise da sucessão cronológica, como alerta Lídia Curti (2006). Tratam-se, às vezes, de condições simultâneas, frequentemente em sobreposição, das quais a subalternidade é o denominador comum. A relação entre classe, casta, gênero, etnia e religião torna a perspectiva de análise de uma determinada situação muito mais complexa, assim como adiciona obstáculos quando a intenção é a de trabalhá-las simultaneamente.[8] A sociedade indiana apresenta diversos fragmentos culturais inseridos no âmbito da "subalternidade", desde as pequenas religiões e comunidades de casta, até os setores tribais, os trabalhadores industriais e os grupos de mulheres ativistas, todos aqueles que poderiam ser chamados de culturas e práticas "menores".

É possível observar na atividade da elite nacionalista indiana, como demonstra PANDEY (1999), uma expectativa de que estes grupos se deixem cair se deixem cair no *mainstream* de uma "cultura nacional". Este *mainstream*, que representa uma pequena seção da sociedade, foi estabelecido como a "cultural nacional". Tudo aquilo que pertence à minoria e é desafiador, singular ou local, figura nesta perspectiva como ameaçador, intrusivo e até "estrangeiro", "exterior" para o nacionalismo. A historiografia indiana elevou o Estado-Nação ao *status* de fim de toda história de tal forma que a disciplina de História nas escolas, colégios e universidades na Índia continuam a terminar, em grande parte, em 1947 (Pandey, 1999, p. 5). Foram criadas, com isso, categorias binárias – secular/ comunal, nacional/ local (frequentemente lido como "antinacional"), progressivo ("econômico")/

---

8 Quando se adere a uma perspectiva, o quadro de análise muda inevitavelmente. Grandes narrativas são desejáveis e possíveis, mas nenhuma é capaz de contar toda a história. Como um holofote, elas produzem muita luz, mas também lançam alguns aspectos na sombra e, podem cegar o observador (cf. SILVA, 2005).

Existe um pensamento político subalterno? 67

reacionário ("cultural") – categorias que historiadores começaram a questionar apenas a partir da década de 1970, em especial com os *Subaltern Studies*. Os subalternistas reivindicam que a prática historiográfica da elite falhou, entre outras coisas, por atribuir uma qualidade natural para uma unidade particular, como no caso da "Índia", e ao adotar o arquivo oficial como primeiro recurso do conhecimento historiográfico – com isso, adotaram a visão do Estado estabelecido.

Na história escrita, tanto quanto em filmes e na ficção, intelectuais indianos tenderam a celebrar a história do conflito da Independência, ao invés de dar ênfase às "agonias da divisão". É um lugar-comum na Índia descrever uma instância de luta como "talvez a pior desde 1947"; tal foi a magnitude e a brutalidade da violência sectária nesta ocasião (IBID., p. 8). Essa situação produzida pela eclosão de violência em grande escala aprofundou a divisão entre as "pessoas privilegiadas" e o "povo simples" na Índia. Tais circunstâncias funcionaram para aplainar comunidades e fazer grupos inteiros "sob suspeita" como parte do "povo simples". Como argumenta Chakrabarty, a tendência em ler a história indiana em termos de falta, ausência e imperfeição se torna óbvia ao analisar excertos de livros que tratam deste tema. Para este historiador, é através dessas referências às "ausências" e à "falha" da história ao ter um compromisso com seu "destino" que o projeto dos *Subaltern Studies* se fez (CHAKRABARTY, 1999, p.268).

Deste modo, o projeto subalternista interveio no debate sobre o nacionalismo indiano em oposição à interpretação "oficial" predominante na história moderna da Índia. Esse debate apresentou dois temas principais – o nacionalismo e o colonialismo – e perpassou dois extremos: de um lado, os que argumentavam ser o "nacionalismo" próprio de uma pequena elite, erigida nas instituições educacionais criadas pelo governo britânico na Índia. Esta interpretação colocava em primeiro plano uma visão estreita daquilo que constituía o "interesse" político e econômico dos atores históricos, negligenciando, assim, o papel das ideias e do "idealismo" na história. No outro extremo, numa vertente marxista de tipo próximo ao "determinismo",[9] a história indiana do período colonial era vista como uma batalha épica entre as forças do colonialismo e as do nacionalismo, sendo o primeiro uma força regressiva que distorcia todos os desenvolvimentos da sociedade e da política indiana, enquanto o segundo era uma "força regenerativa", antítese do colonialismo, que unificava e produzia um "povo indiano" mobilizado contra a Inglaterra (CHAKRABARTY, 2000a, p.10-11).

A historiografia considerada "elitista", entretanto, não é descartada dos estudos "subalternistas". Guha (1982) ressalta que ela é útil ao passo que ajuda a entender a estrutura do Estado colonial, a operação de vários órgãos em determinadas circunstâncias históricas, a natureza do alinhamento das classes que a sustentaram, alguns aspectos da ideologia da elite como elite dominante do período, as contradições entre duas elites e as complexidades das oposições mútuas e coalizões, bem como o papel desempenhado pelas mais importantes personalidades britânicas e indianas em suas organizações. O que a historiografia da elite não ajuda a explicar é o nacionalismo indiano. A pobreza dessa historiografia localiza-se na compreensão da articulação das massas. Exceto, negativamente, como problema de ordem e lei, e positivamente, se possível, como resposta ao carisma de certos líderes da elite.

---

9 Essa vertente marxista identifica-se, segundo aponta Chakrabarty (2000a), na figura do historiador Bipan Chandra, professor da Universidade de Jawaharlal Nehru. Chandra e seus seguidores se inspiravam nos escritos marxistas e também nas teorias da dependência latino-americanas. Nessa linha de interpretação da história da Índia, Gandhi e Nehru são vistos como os autores de um movimento anti-imperialista em busca de uma unidade da nação.

Existe um pensamento político subalterno?   69

O argumento de Guha é de que paralelo ao domínio da política elitista existiu por todo o período colonial outro domínio da política indiana no qual os principais atores não foram os grupos dominantes da sociedade "nativa" ou das autoridades coloniais, mas a população e a camada intermediária, tanto na cidade quanto no campo – isto é, o "povo". A coexistência desses dois domínios, perceptíveis tanto por intuição quanto por demonstração, foi o *index* de uma importante verdade histórica: "a derrota da burguesia indiana ao falar para a nação" (GUHA, 1982, p.5-6). Desta forma, existiriam vastas áreas presentes na vida e na consciência do povo que nunca foram integradas como parte da luta por hegemonia, isto é, não se deu atenção na historiografia a um aspecto importante do conflito – o da resistência.

Contudo, é importante ter em mente que as iniciativas originadas do domínio da política subalterna não foram poderosas o bastante para desenvolver um movimento nacionalista pela libertação nacional – e o estudo dessa derrota constitui a problemática central da historiografia colonial da Índia. É interessante visualizar nesta iniciativa as implicações do projeto gramsciano esboçado no *Caderno 25*. A busca por reconstituir a "história necessariamente desagregada e episódica" das classes subalternas indianas, tendo em vista que não obtiveram "a vitória" e que, portanto, não se apresentam enquanto "unidade", é um ponto importante, assumido de modo criativo por Guha e outros intelectuais indianos em seu esforço de reinterpretação da história indiana.

Nessa análise, o ponto chave pode ser apontado, como ressalta Baratta (2009), na ênfase de uma linha de substancial continuidade – nos confrontos dos subalternos na Índia – do Estado colonial ao Estado nacional liberal. Nesse sentido, a "figura-chave" que representa o elemento decisivo de continuidade entre o velho e o novo no mundo dos subordinados consiste na figura do "camponês". Mais que um contorno social definido, se entende com essa expressão uma metáfora, ligada aos movimentos e transformações demográficas que estão em constante mudança ao redor do mundo, introduzindo elementos aparentemente residuais e anacrônicos, mas que podem ser, ao contrário, decididamente inovadores e progressivos, em "pleno coração do capitalismo contemporâneo" (BARATTA, 2009, p.20).

Revolução Passiva na Índia

O debate indiano estimulou questões importantes no âmbito do marxismo, principalmente no que diz respeito às relações entre cultura e política, sugeridas nos escritos de Gramsci. Consequentemente, trouxe para o primeiro plano da discussão vários problemas com a perspectiva marxista convencional sobre a "questão colonial e nacional". Não só no contexto indiano, mas em outros Estados pós-coloniais, na Ásia, África e América Latina, as ideias gramscianas acerca da modernização do Estado italiano encontraram paralelo frutífero.[10] Já na primeira vez em que o conceito de revolução passiva aparece nos *Cadernos*, em um texto redigido provavelmente em novembro de 1930 (cf. FRANCIONI, 1984), Gramsci já assinalava o seu potencial explicativo para outros contextos:

---

10 Para entender a modernização do Estado brasileiro, diversos autores também recorreram à noção de revolução passiva, dentre os quais se destacam Carlos Nelson Coutinho, Luiz Werneck Vianna e Marco Aurélio Nogueira. Através da obra de Gramsci foi possível aguçar a percepção da modernização conservadora impulsionada pelo regime implantado em 1964 e requalificar nosso conhecimento sobre o "atraso" brasileiro. Desta forma, Gramsci ajudou a entender o Brasil moderno, industrial e de massas – mas também autoritário, excludente e miserável – sendo decisivo para que se resgatasse o valor e a autonomia relativa da política e do fazer política, que ao longo dos anos 1970 passam a ocupar o centro mesmo das preocupações teóricas marxistas e da prática da esquerda (cf. NOGUEIRA, 1985).

Existe um pensamento político subalterno? 71

Vincenzo Cuoco e a revolução passiva. Vincenzo Cuoco chamou de revolução passiva aquela ocorrida na Itália como resposta às guerras napoleônicas. O conceito de revolução passiva não parece exato apenas para a Itália, mas também para outros países que modernizaram o Estado por meio de uma série de reformas ou de guerras nacionais, sem passar pela revolução política de tipo radical--jacobino (Q.4, §57, p.504).

A "teoria da revolução passiva" (BRAGA, 1996, p.168) consistiu numa denúncia e advertência histórica dos processos "contrarrevolucionários" que culminaram com o advento do Estado moderno na Itália. A fórmula de Cuoco destinava-se a analisar os acontecimentos revolucionários de 1799, com cuja exatidão Gramsci concorda. Atendo-se firmemente a este juízo e a este primeiro nível de definição dos fenômenos que identifica, Gramsci desenvolve a sua reflexão numa multiplicidade de direções que têm nesta definição o seu centro unificador (DE FELICE, 1978, p.193). Em seus *Cadernos*, o marxista italiano recorre inicialmente ao conceito de Cuoco a fim de apreender a complexidade do movimento histórico pelo qual se debruçava e, com isso, atinge um alto grau de generalização – tratando-se, portanto, de uma utilização com "claro viés metodológico" (BIANCHI, 2008, p.257). A irredutibilidade da categoria gramsciana a um "cânone empírico", por sua vez, é garantida mais uma vez através da referência ao *Prefácio de 1859*:

> O conceito de revolução passiva deve ser deduzido rigorosamente de dois princípios fundamentais da ciência política: 1) que nenhuma formação social desaparece enquanto as forças produtivas que nela se desenvolveram encontram um lugar para uma ulterior formação progressiva; 2) que a sociedade não se põe tarefas para cuja solução não tenham sido criadas já as condições necessárias, etc. [...] O ponto

de partida do estudo será a argumentação de Vincenzo Cuoco, mas é evidente que a expressão de Cuoco a propósito da Revolução Napolitana de 1799 não é mais que um ponto de partida, pois o conceito é completamente modificado e enriquecido (Q.15, §17, p.1774-1775).

Em Gramsci, portanto, a revolução passiva tende a identificar as formas do processo revolucionário, "isto é, os modos em que se desenvolve a contradição fundamental e com ela a modificação a que é submetida toda a formação econômico-social" (DE FELICE, 1978, p.196). Ainda no *Caderno 15*, Gramsci deixa claro o nexo entre revolução passiva e o *Prefácio de 1859*:

> Risorgimento Italiano. Sobre a revolução passiva. Protagonistas "os fatos" "por assim dizer" e não os "homens individuais". Como sob um determinado invólucro político, necessariamente se modificam as relações sociais fundamentais e novas forças políticas efetivas surgem e se desenvolvem, influindo indiretamente, através da pressão lenta mas incoercível, sobre as forças oficiais que se modificam sem perceberem ou quase (Q15, §56, p.1818-1819).

Assumindo que as "condições necessárias e suficientes" já se encontravam pelo menos potencialmente definidas, Gramsci afirmava a *centralidade da política* – que tais condições se façam presentes, ou seja, que a relação contraditória entre o desenvolvimento das forças produtivas e as relações de produção tenha chegado a um ponto de saturação, não é garantia de que uma revolução ativa ou passiva tenha lugar. Para que tal revolução ocorra, é necessário o concurso de determinações eficazes que se manifestem no âmbito das superestruturas e dos conflitos sociais. O "protagonismo" da história não poderia ser, portanto, do lado inerte (BIANCHI, 2008, p.273).

O conceito de revolução passiva, deste modo, fundamenta o terreno prático-político para uma "teoria gramsciana da transição":

Existe um pensamento político subalterno? 73

isto é, um esforço para explicar tanto a transição antijacobina da burguesia ao poder de Estado, quanto sua crise generalizada, vale dizer, base estrutural sobre a qual erguer um novo bloco histórico sob hegemonia das classes subalternas (BRAGA, 1996, p.169). A referência a esse conceito no trabalho dos subalternistas se dá como um correlato processual da subalternidade: "uma possibilidade de uma transformação impulsionada e orientada desde cima, dirigida a reestruturar a relação de dominação ao oferecer a ilusão 'transformista' da mudança no superficial de forma a garantir a continuidade de fundo" (MODONESI, 2010, p.49).

Em *Nationalist Thought and the Colonial World*, publicado pela primeira vez em 1986, Partha Chatterjee expande a crítica de Guha ao nacionalismo na Índia e propõe um "estudo da história ideológica do Estado pós-colonial, tomando como paradigmática sua forma mais desenvolvida" (CHATTERJEE, 1998, p.49). Para ele, a revolução passiva é a forma geral de transição dos Estados nacionais de coloniais a pós-coloniais ao longo do século XX. O teórico recorre à noção gramsciana enquanto instrumento analítico para interpretar a conformação do Estado-nação indiano depois da independência, em função de elementos de continuidade com o passado colonial.

Deste processo histórico, Chatterjee chamou de "momento de partida" o momento que compreendeu o encontro entre a "consciência nacionalista" e o quadro de conhecimento criado pelo pensamento racionalista pós-iluminista. Toma-se conhecimento e aceita-se, nessa ocasião, uma diferença cultural essencial entre o Ocidente e o Oriente:

> A cultura europeia moderna, pensa-se, possui atributos que fazem dos europeus equipados culturalmente para o poder e o progresso, enquanto tais atributos faltam nas culturas "tradicionais" do Oriente, condenando, assim,

esses países à pobreza e à sujeição. Mas a reivindicação nacionalista é que esse atraso não possui um caráter que é historicamente imutável: ele pode ser transformado pela nação agindo coletivamente, ao adotar esses modernos atributos da cultura europeia (IBID., p.50-51).

Oriente e Ocidente, nesse contexto, indicam determinadas relações entre conjuntos de civilização. Como noções históricas, não foram construções do homem em geral, como ressalta Gramsci, "mas das classes cultas europeias, que por meio de sua hegemonia cultural fizeram com que todo o mundo aceitasse" (Q11, §20, p.1419). Para tanto, afirmaram sua superioridade em termos da materialidade de sua cultura, exemplificada por sua ciência, tecnologia e pelo amor ao progresso. Chatterjee (1998) destaca que se trata, entretanto, de um programa elitista – combinar a considerada modernidade "verdadeira" das culturas ocidentais com a "grandeza" espiritual do Oriente:

> Da consciência popular, mergulhada em séculos de superstição e religião popular irracional, dificilmente se pode esperar que aceite este ideal: seria preciso ser transformada de fora. Este é o ambiente em que o dilema político-ideológico central ocorre em um país colonial, cuja solução, como já apresentado, se dá com a revolução passiva. Isto requer a mobilização dos elementos populares na causa de uma luta anticolonial e, ao mesmo tempo, um distanciamento daqueles elementos da estrutura do Estado. Alcança-se isto no momento de *manoeuvre*, um momento crucial com muitas possibilidades contraditórias. Ele combina em um processo inseparável elementos tanto da "guerra de movimento" quanto da "guerra de posição". Consiste numa consolidação histórica do "nacional", rebaixando o "moderno", uma preparação para a produção capitalista expandida tendo como recurso uma ideologia anticapitalista – em

outras palavras, "o desenvolvimento da tese incorporando sua antítese" (Chatterjee, 1998, p.51).

O pensamento nacionalista alcançaria seu completo desenvolvimento ao se tornar um discurso da ordem, da organização racional do poder. A figura política mais importante deste momento "de chegada" na Índia é Nehru e é a partir da análise de seus textos que Chatterjee busca identificar os principais elementos ideológicos das relações do nacionalismo em sua fase mais desenvolvida. O princípio político central era a autonomia do Estado, o que legitimou a concepção de justiça social – que não poderia ser realizada no antigo contexto "antiquado, decadente e imóvel". Era necessário, portanto, criar um novo quadro de instituições que pudesse incorporar o espírito do progresso, ou o seu sinônimo, a modernidade. Progresso ou modernidade, de acordo com os termos do século XX, significou dar primazia à esfera do econômico – a industrialização. Consequentemente, a principal tarefa política perante à nação foi a de formar um Estado nacional soberano.

De acordo com a reinterpretação nacionalista, a ausência de modernidade na Índia não se devia a uma incapacidade cultural própria da civilização colonial. A conjuntura histórica particular na qual a Índia se encontrava sob subjugação estrangeira era aquela em que as nações europeias estavam voltadas ao futuro, enquanto a sociedade indiana seguia voltada ao passado. O subsequente atraso da sociedade em relação às normas históricas universais era inteiramente explicável nos termos da dominação colonial – era porque o poder estrangeiro dominante consistentemente impediu o crescimento das forças da modernidade que a sociedade indiana as julgou impossível de desenvolver.

Tendo sido estabelecida a necessidade historicamente determinada e cientificamente demonstrada por uma industrialização nacional, só restava identificar as forças políticas que estavam a favor e contra a industrialização. O obstáculo fundamental era claro: o Estado colonial. Assim, a tarefa política que subseguia, como resultado das circunstâncias políticas, era a remoção deste poder estrangeiro. Ao cumprir com esta tarefa, a nação indiana daria seu primeiro passo para entrar em sintonia com o "espírito da época".

O coração da reconstrução ideológica levada a cabo pelo pensamento nacionalista era a constituição do Estado nacional, que deveria abraçar todo o povo, dando a todos um direito igual à cidadania, independente de sexo, língua, religião, casta, fortuna ou educação. A nação era todo o povo, a vitória da nação significava a vitória de todos, celebrando uma solidariedade nacional que incluía a vasta massa dos camponeses. Assim como na Itália analisada por Gramsci, como veremos no próximo item, os camponeses na Índia eram vistos então como "ignorantes, incapazes de pensar e subordinados a excitações irracionais" (IBID., p.149). Para controlá-los e dirigi-los dentro de um movimento nacional amplo e organizado, era necessário manter em primeiro plano as questões agrárias para um programa de mobilização. Como isso poderia ser feito se o campesinato não via como seu interesse objetivo participar na batalha por um Estado nacional unido e independente? Para isso, foi necessário a intervenção de um "gênio político" como Gandhi:

> A partir de sua própria compreensão da sociedade indiana, essa emergente liderança estatal reconheceu os limites históricos de seus poderes de intervenção direta. Era uma liderança "progressiva", com sua própria concepção do tipo de mudanças que eram necessárias para a sociedade indiana progredir. Identificou como obstáculo principal a

Existe um pensamento político subalterno?

essas mudanças a existência do Estado colonial e mirou sua substituição por um Estado nacional como o agente central da mudança. Mas sabia também que um movimento de criação de um novo Estado requeria a incorporação de uma vasta massa de camponeses à nação política (IBID., p.152).

Assim, a divisão entre os dois domínios da política – elite e classes subalternas – era replicada na esfera do já maduro pensamento nacionalista, através do explícito reconhecimento da existência de uma divisão entre o domínio da racionalidade e o domínio da irracionalidade, o domínio da ciência e o domínio da fé, o domínio da organização e o domínio da espontaneidade. A intervenção de Gandhi nesse processo era uma parte necessária do progresso – era a parte própria à revolução passiva, possibilitando "à tese incorporar a parte da antítese" (IBID., p.155). O "gandhismo" representou, portanto, um paradoxo – originalmente produto de uma filosofia anarquista de resistência à opressão do Estado, se tornou participante da imbricação mesma da ideologia do Estado nacional. Como no contexto analisado por Gramsci, o "gandhismo" favoreceu uma modernização capitalista à base de uma coalizão conservadora, ao invés de propiciar uma ruptura revolucionária. Diferente da forma de articulação das revoluções "clássicas", a revolução passiva implica sempre a presença de dois momentos: o da "restauração" (trata-se sempre de uma reação conservadora à possibilidade de uma transformação efetiva e radical proveniente de baixo) e o da "renovação" (no qual algumas das demandas populares são satisfeitas "pelo alto", através de concessões das camadas dominantes).[11]

---

11 "As classes dominantes reagem às pressões que provêm das classes subalternas, ao seu "subversismo esporádico, elementar", ou seja, ainda não suficientemente organizado para promover uma revolução "jacobina", a partir de baixo, mas já capaz de impor um novo comportamento às classes dominan-

A Questão Meridional como Questão Internacional

Parte fundamental do esforço dos *Subaltern Studies* concentrou-se na insistência de que os camponeses eram contemporâneos ao colonialismo e parte fundamental do governo colonial estabelecido na Índia, em oposição à ideia mais comum, de que seriam "anacrônicos" à modernização do mundo colonial. A tendência mais corrente à historiografia marxista global até os anos 1970 era a de olhar para as revoltas campesinas como movimentos que revelavam uma "consciência atrasada" – isso é, uma consciência que não tinha chegado aos termos da lógica institucional da modernidade ou do capitalismo (CHAKRABARTY, 2000a, p.13).

A historiografia havia se contentado em lidar com a insurreição camponesa meramente como um sujeito ou membro empírico de uma classe, mas nunca como uma entidade cuja razão constituía uma práxis chamada "insurreição".[12] Essa omissão é apagada na maior parte das narrativas por metáforas que assimilam as revoltas camponesas a fenômenos naturais: "estouram como trovões em um temporal, levantam como terremotos, se espalham como incêndios e infectam como epidemias" (GUHA, 1988, p.46). Mesmo quando a historiografia fora pressionada a produzir explicações em termos mais humanos, se assumiu uma

---

tes; 2) essa reação, embora tenha como finalidade principal a conservação dos fundamentos da velha ordem, implica o acolhimento de "uma certa parte" das reivindicações provindas de baixo; 3) ao lado da conservação do domínio das velhas classes, introduzem-se modificações que abrem caminho para novas modificações. Portanto, estamos diante, nos casos de revoluções passivas, de uma complexa dialética de restauração e revolução, de conservação e modernização" (COUTINHO, 2010, p.34).

12 Pela palavra "insurreição", Guha busca dar conta da consciência que informou a atividade das massas rurais conhecidas como "jacqueries", revoltas, rebeliões, etc. Ou em suas designações indianas – *dhing, bidroha, ulgulan, hool, fituri* (GUHA, 1999, p.4).

Existe um pensamento político subalterno? 79

identidade entre natureza e cultura – marca, presumidamente, de um estado muito baixo de civilização.

Foi intervindo neste debate que em *Elementary Aspects of Peasant Insurgency in Colonial India*, Guha (1999) abordou a historiografia da insurreição camponesa na Índia colonial. Movimentos camponeses estiveram presentes em formas e escalas diversas, desde conflitos locais às campanhas de "guerra", se tornando endêmicos desde os primeiros três quartos da dominação britânica até o final do século XIX. Para Guha, as insurreições eram necessárias antíteses do colonialismo, desde sua incipiência até o seu amadurecimento. A noção de insurreição camponesa entendida como fato "pré-político", portanto, não contribuía para entender a experiência indiana colonial. Estes conflitos representavam a resistência à natureza da relação de *dominância sem hegemonia*, característica do poder colonial. A tensão desta relação entre revolta camponesa e colonialismo exigiu um registro de modo a possibilitar um entendimento da sua natureza e motivação, para que à luz da experiência prévia e de seu entendimento se pudesse suprimi-la. Desta forma, "a historiografia adentrou para prover um discurso vital para o Estado" (GUHA, 1999, p.2).

Racional em sua representação do passado como linear e secular ao invés de cíclico e mítico, esse discurso adotava o Estado como sua *"raison d'être"*. Deste modo, a insurreição camponesa foi assimilada como um mero elemento da trajetória colonial – "em outras palavras, ao camponês foi negado o reconhecimento como sujeito da história em seu próprio direito, mesmo em um projeto que era todo seu" (IBID., p.3). O resultado, cuja responsabilidade deve ser igualmente compartilhada por todas as escolas e tendências, foi o de excluir o insurgente como sujeito de sua própria história.

Imbuído da crítica ao determinismo e ao neoidealismo realizada por Gramsci, Guha sabia que as manifestações de insurreição das classes subalternas se apresentam de modo fragmentado e desagregado e que não há lugar na história para a "espontaneidade". Desta forma, defendeu que a natureza da ação coletiva contra a exploração na Índia colonial se deu de forma tal que foi necessário estender os limites imaginários da categoria "político" para muito além dos territórios demarcados pelo pensamento político europeu – era necessário historicizar a análise deste processo. Ao considerar o movimento campesino como "pré-político", e ao ignorá-lo, segundo a visão de Guha, só se poderia gerar história de um ponto de vista elitista:

> Não havia nada nos movimentos militantes das massas rurais que não fosse político. Isso dificilmente poderia ter sido de outra forma nas condições nas quais trabalhavam, viviam e conceitualizavam o mundo. Tomando o subcontinente como um todo, o desenvolvimento capitalista na agricultura permaneceu incipiente e frágil ao longo de um período de um século e meio, até 1900 (IBID., p.6).

Mesmo que fosse válida para outros países, a noção de insurreição camponesa "pré-política" ajudava pouco a entender a experiência indiana colonial.[13] O elemento constante desta relação, com toda sua variedade, era a extração do lucro do camponês por meios determinados menos pelas forças do "jogo livre" da economia de mercado do que pela força extra-econômica do proprietário de terras, presente na sociedade local e na política colonial. Tratava-se de uma relação de dominância e subordinação – uma

---

13 Neste ponto, Guha está claramente em discussão com as ideias de Hobsbawn. O material do historiador inglês é, como Guha destaca, quase inteiramente derivado da experiência europeia e daí suas generalizações não darem conta do contexto indiano.

Existe um pensamento político subalterno? 81

relação política de tipo feudal, ou semifeudal, cujo sustento material derivava de condições pré-capitalistas de produção, e sua legitimidade de uma cultura tradicional que permanecia proeminente na superestrutura.

O Estado colonial, longe de ser neutro, foi um dos elementos constitutivos desta relação. Foi dentro do *Raj* que o Estado ajudou diretamente na reprodução do latifúndio. O resultado foi a revitalização da estrutura semifeudal ao transferir recursos dos membros mais antigos e menos efetivos da classe proprietária para a classe mais nova, mais dependente política e financeiramente do governo. Para o campesinato, isso significou, em muitos casos, uma exploração mais intensiva e sistemática: o tipo medieval de repressão, emanado da vontade arbitrária dos déspotas locais sob o antigo sistema, foi substituído por uma vontade mais regulada de um poder estrangeiro, que permitiu que os proprietários continuassem a coletar abusivamente lucros de seus arrendatários:

> [o Estado] eventualmente obrigado a legislar, sob pressão, contra tais abusos, não foi capaz de eliminá-los completamente, porque as agências locais de aplicação da lei serviram como instrumentos da autoridade dos proprietários, e a lei, tão boa no papel, se permitiu ser manipulada por um tribunal de funcionários e advogados em favor do latifúndio. O *Raj* deixou até mesmo o poder de punição, poder supremo do Estado, ser compartilhado, em certa medida, pela elite rural em nome do respeito à tradição indiana, o que significou na prática fechar os olhos para a pequena nobreza lançando mão à justiça criminal ou como membros da classe dominante ou das castas dominantes (IBID., p.7).

O elemento da coerção era tão explícito e ubíquo em todas as negociações com o campesinato que seria difícil ver a relação proprietário-camponês como qualquer coisa que não política. O camponês obviamente sabia o que estava fazendo quando se revoltava. O fato de que estava designado primeiramente a destruir a autoridade da elite superordenada, sem um projeto alternativo para a sua substituição, não o colocava fora do "reino da política". Ao contrário, Guha insiste no caráter político da insurreição justamente por seu caráter negativo e inversivo – "ao tentar forçar uma mútua substituição dos dominantes e dominados dentro da estrutura de poder, não deixou nenhuma dúvida sobre sua própria identidade como projeto de poder" (ibid., p.9). Os movimentos rurais eram menos primitivos do que se supunha. Na maior parte das vezes não faltou nem liderança, nem objetivos, nem mesmo alguns rudimentos de um programa, embora nenhum desses atributos pudessem ser comparados com a maturidade ou sofisticação dos movimentos historicamente mais avançados do século XX. Nenhum dos casos discutidos por Guha, entretanto, deixaram de apresentar um líder, o que se relaciona com a afirmação de Gramsci de que não há espontaneidade pura na história:

> Da expressão espontaneidade se pode dar diversas definições, porque o fenômeno a que se refere é multilateral. No entanto, ocorre relevar que não existe na história espontaneidade "pura": esta coincidiria com a mecanicidade "pura". No movimento "mais espontâneo" os elementos de "direção consciente" são simplesmente incontroláveis, não deixam documento verificável. Pode-se dizer que o elemento da espontaneidade é, assim, característico da "história das classes subalternas", antes, dos elementos mais marginais e periféricos destas classes, que não alcançaram a consciência da classe "para si" e que portanto não suspeitam nem mesmo que a sua história possa ter qualquer importância e que deixar traços documentários tenha qualquer valor (Q3, §48, p.328).

Existe um pensamento político subalterno? 83

Nos movimentos analisados por Guha, é possível visualizar a "multiplicidade" de elementos marginais de "direção consciente" da qual Gramsci faz referência. Mas nenhum destes foi predominante ou superou o nível do "senso comum". Claramente não se trata, portanto, de um fenômeno comparável a uma liderança partidária moderna. Uma análise com foco nesses elementos de consciência permite contestar a visão da experiência camponesa meramente como uma história de eventos, sem sujeitos. É com o objetivo de reabilitar esse sujeito que Guha adota como ponto de partida a consciência do camponês-rebelde de seu próprio mundo e sua vontade de mudá-lo:

> O objetivo deste trabalho é tentar relatar essa luta [entre a cultura dominante e a cultura insurgente] não como uma série de encontros específicos, mas em sua forma geral. Os elementos desta forma derivam da longuíssima história da subalternidade camponesa e de sua luta para acabar com ela. Destas, a primeira é, naturalmente, melhor documentada e representada no discurso da elite por conta do interesse que esta sempre teve por seus beneficiários. No entanto, a subordinação dificilmente pode ser justificada como um ideal e uma norma sem reconhecer o fato e a possibilidade da insubordinação, tanto que a afirmação da dominância na cultura dominante fala eloquentemente do seu Outro, ou seja, a resistência. Eles correm em trilhos paralelos sobre os mesmos trechos da história como mutuamente implicados, mas com aspectos opostos de um par de consciências antagônicas (GUHA, 1999, p.II).

Guha, portanto, busca identificar algumas das "formas comuns e ideias gerais" da consciência camponesa insurgente ao longo do período colonial. Em *Elementary Aspects*, o autor explicita uma leitura subalternista de Marx, ao destacar os limites encontrados pelo Capital na Colônia. Daí o foco no camponês e na resistência – destacando a incompletude do triunfo capitalista – dentro de uma lógica de transição própria à situação colonial. A obra é uma tentativa de escapar às narrativas de modo de produção, tendo como categoria operante as relações de dominação (elite/subalterno ao invés de capital/trabalho). É possível identificar, com isso, um afastamento da forma marxista usual de localizar os atores em revoltas, com um foco estritamente econômico. Nessa iniciativa, Gramsci possui um papel central.[14]

O interesse do marxista sardo pelas massas camponesas se inicia em meados da década de 1920, tendo ocupado um lugar de destaque nos escritos carcerários, de 1929 a 1935. Uma das razões claras do interesse de Gramsci sobre esse tema era a sua própria trajetória de vida. Nascido no "Oriente italiano", o marxista sardo esteve, ao longo de sua vida, muito atento à Questão Meridional (cf. BOOTHMAN, 2004). Em *Temas para a Questão Meridional*, de 1926, a experiência da Revolução Russa aparecia como contexto histórico fundamental. Esse pequeno ensaio foi o último texto escrito por Gramsci antes de ser preso, e, por isso, não foi finalizado nem publicado pelo autor. A influência da teoria política de Lênin, assim como a política de frente única sugerida pela Internacional Comunista, com a palavra de ordem do "governo-operário-camponês" forneceram a Gramsci uma nova leitura da questão meridional e da relação entre classe operária e campesinato. Gramsci estava em luta, nesta ocasião, pela direção do PCI, desde 1923, contra a direção de Bordiga, dirigente do partido com quem apresentava profundas divergências.

Bordiga desprezava a questão camponesa insistindo na exclusividade da classe operária como força da revolução (DEL ROIO,

---

14 É importante destacar que há nestas análises de Guha, em menor grau, a influência do estruturalismo, nas ideias de Lévi Strauss e Durkheim, e do Maoísmo enquanto corrente teórico-política.

Existe um pensamento político subalterno? 85

2007, p.65). Conformava um erro, na visão de Gramsci, destituir os movimentos camponeses, os entendendo como "inúteis" ou "irrelevantes" (ARNOLD, 2000, p.28). O marxista sardo considerava como uma das tarefas fundamentais dos intelectuais desvelar complexidades e "traduzir" em linguagem intelectual os elementos desta vida histórica, em busca de sinais de iniciativa subalterna e incipiente identidade de classe. Falhar nesta tarefa, esperando que a realidade conformasse um esquema abstrato configurava, para ele, uma expressão de passividade.

No texto pré-carcerário, Gramsci buscava também aprofundar as teses do III Congresso do PCI, realizado em Lyon no início daquele mesmo ano. A questão meridional é abordada como particularidade da questão agrária na Itália, como elemento da questão nacional, seguindo o método leniniano e fazendo, portanto, sua "tradução". Publicado apenas no começo de 1930, o texto estava de fato voltado para atrair o novo meridionalismo, cujos intelectuais observavam no campesinato do sul a força propulsora decisiva da revolução nacional e democrática, mas percebiam também a importância do operariado setentrional nesse processo.

A unificação das classes subalternas italianas já se estabelecia no argumento gramsciano como contribuição à unificação do gênero humano, numa perspectiva política e cultural que reconhecia a aliança com o campesinato, num contexto internacional de atualidade da revolução socialista. A internacionalização se move, nesse caso, sobre duas empreitadas aparentemente opostas, mas que se complementam. A primeira trata da história dos Estados subalternos, que só se explicaria a partir da história dos Estados hegemônicos. A segunda, por outro lado, consiste no fato de que "as forças do progresso" não deveriam ser procuradas necessariamente "ao nível do Império".

A questão meridional se constituía, assim, como ponto de partida para um exame mais profundo das vicissitudes históricas do capitalismo contemporâneo. Essa questão encontrava lugar numa Itália de notável instabilidade política e fragmentação do senso comum. O Sul da península foi definido por Gramsci como:

> Uma grande desagregação social. Os camponeses, que constituem a grande maioria da sua população, não têm nenhuma coesão entre si (...) A sociedade meridional é um grande bloco agrário constituído por três estratos sociais: a grande massa camponesa, amorfa e desagregada; os intelectuais de pequena e média burguesia rural e, por fim, os grandes proprietários de terra e os grandes intelectuais (GRAMSCI, 1987, p.114).

Como condição para o proletariado se tornar "classe dirigente", nessa esfera, seria necessário não só controlar a produção econômica, mas também exercer sua direção político-cultural sobre o conjunto das forças sociais opostas ao capitalismo. É nesse sentido que a preocupação central de Gramsci situa-se ao redor da questão da hegemonia e da cultura, propriamente em relação à capacidade que deveria ter o proletário de não limitar sua ação à simples coerção, mas de fundá-la essencialmente sobre o consenso das massas trabalhadoras e, em particular, do campesinato. A classe operária não poderia subestimar essa questão – mesmo depois do acesso ao poder, ela deveria continuar a ser dirigente (cf. COUTINHO, 1999). Em uma das suas mais famosas passagens acerca do conceito hegemonia, no *Caderno 19*, Gramsci afirma:

> O critério metodológico sobre o qual se deve basear o próprio exame é este: a supremacia de um grupo social se manifesta de dois modos, como "domínio" e como "direção intelectual e moral". Um grupo social domina os grupos adversários, que visa a "liquidar" ou a, aliás, deve

Existe um pensamento político subalterno?

> ser dirigente já antes de conquistar o poder governamental (esta é uma das condições principais para a própria conquista do poder); depois, quando exerce o poder e mesmo se o mantém fortemente nas mãos, torna-se dominante, mas deve continuar a ser também "dirigente" (Q19, § 24, p.2010-2011).

A classe operária deveria assumir como sua a tarefa de resolver a questão meridional: dirigir politicamente a massa de camponeses e conduzi-los à realização de uma reforma agrária radical que pusesse fim ao poder dos latifundiários e, desse modo, destruísse as relações hegemônicas que a burguesia industrial do Norte continuava a exercer sobre o conjunto da população meridional. A aliança operário-camponesa era, para Gramsci, uma condição de vitória da revolução socialista: "(...) o proletariado pode se tornar classe dirigente e dominante na medida em que consegue criar um sistema de alianças de classe que lhe permita mobilizar contra o capitalismo e o Estado burguês a maioria da população trabalhadora" (GRAMSCI, 1987, p.111).

Na Itália a ascensão das classes subalternas à hegemonia só se daria a partir da direção do proletariado industrial e na medida em que conseguisse obter o consenso das amplas massas camponesas. A Questão Italiana, nesse sentido, era determinada historicamente. Ou seja, era determinada pelo específico desenvolvimento da história do país que assumiu duas formas típicas e peculiares – a questão meridional e a questão vaticana: "(...) conquistar a maioria das massas camponesas significa, para o proletariado italiano, assumir como próprias estas duas questões do ponto de vista social, compreender as exigências em seu programa revolucionário de transição, pôr tais exigências entre suas próprias reivindicações de luta" (IBID., p.112).

Pensar o problema do Sul italiano, desta forma, exigia pensar no modo de derrubar o próprio preconceito do proletariado presente na ideia de uma inferioridade natural do Sul, imposta pela ideologia de "propagandistas" da burguesia. Nesta ideologia, a culpa do Sul ser atrasado não seria uma questão histórica ou do próprio desenvolvimento do sistema capitalista, mas da natureza que os fizeram incapazes, criminosos, bárbaros, etc. Os operários deveriam se pensar como "membros de uma classe que tende a dirigir os camponeses e os intelectuais, classe essa que só poderia vencer e construir o socialismo" se fosse "ajudada e seguida pela grande maioria desses estratos sociais" (IBID., p.113).

A ideia de uma frente única para a Itália, que deveria encontrar nesta aliança o núcleo gerador da revolução socialista, forneceu a Gramsci a chave para que pudesse encontrar um novo lugar para o campesinato na estratégia revolucionária. Esse sujeito revolucionário, tão importante quanto o peso econômico e demográfico que desempenhava, foi, nos *Cadernos*, colocado num conjunto denominado como "classes subalternas" cujo par conceitual era aquele da hegemonia. Os intelectuais indianos se apropriaram da reflexão de Gramsci, fundamentada na relação entre força e consenso, numa proposta metodológica unificada para a análise do Estado. Considerando isso, o estudo do colonialismo abria um campo de estudos que levaria em consideração as múltiplas diversidades, no âmbito da resistência e também no do consenso, que estão além da extrema simplificação das quais lidaram a interpretação elitista de tipo nacionalista.

As duas formulações de Guha, que tanto o nacionalismo quanto o colonialismo tinham o objetivo de instituir na Índia um governo a serviço do capital, no qual as ideologias burguesas exerceriam um "domínio sem hegemonia" abriu o cenário movimentado em torno da persuasão como veículo de possível re-

Existe um pensamento político subalterno? 89

sistência, ao contrário da mera subordinação e coerção. Nestes termos, a hegemonia era entendida como uma condição orgânica e específica de dominância, na qual a persuasão sobrepõe-se à coerção (GUHA, 1997a, p.23). Assim, para Guha, a hegemonia operaria como um conceito dinâmico, mantendo até a mais persuasiva estrutura da dominância, sempre e necessariamente aberta à resistência (IBID., p. 23). Para o historiador indiano, dessa forma se poderia evitar a justaposição de dominação e hegemonia como "antinomias". Esta visão que contrapunha dominação e hegemonia, força e consenso, teria fabricado "um absurdo liberal" – o absurdo da ideia de um Estado sem coerção – a despeito do impulso fundamental de Gramsci em seu próprio trabalho (IBID., p. 23). Guha avançava, assim, ao não contrapor força e consenso – mas ao mesmo tempo restringia o alcance do conceito à específica situação na qual o consenso sobrepõe-se à força, mesmo sem anulá-la completamente.

Neste sentido, é crucial notar que o ponto de partida dos subalternistas pode ser encontrado na insistência sobre a "autonomia da insurgência camponesa". Dos anos 1930 aos anos 1960, foi primordialmente o crescimento do radicalismo camponês, principalmente nas áreas que estavam além dos limites do partido, que deu vida e energia ao comunismo indiano. A esquerda, especialmente a revolucionária, tinha que enfrentar a derrota em adequadamente mobilizar e engajar as massas camponesas. O reconhecimento desta desilusão com as limitações da influência política e intelectual da esquerda norteou a percepção da "autonomia" do domínio popular.

Gramsci enfatizava a força da dominação coercitiva e da direção hegemônica exercida por grupos dominantes sobre as classes subalternas. Um de seus objetivos era justamente o de entender e explicar o porquê o poder estatal, especialmente nas sociedades modernas capitalistas, parecia ser tão difícil de derrubar e porque as classes subalternas pareciam aceitar esta subordinação. O marxista italiano via poucas evidências de autonomia nos movimentos camponeses, tanto por não conseguirem se organizar e produzir seus próprios líderes, quanto num sentido mais geral, por sua incapacidade de montar um ataque ideológico e político capaz de derrubar a dominação e a hegemonia das classes dominantes. Ecoava mais uma vez um de seus valiosos argumentos metodológicos presentes no *Caderno 25*: "os grupos subalternos sempre sofrem a iniciativa dos grupos dominantes, mesmo quando se rebelam e insurgem: somente a vitória 'permanente' rompe, e não imediatamente, a subordinação" (Q.25, §2, p.2283).

Em aparente contraste com a argumentação gramsciana, Guha argumentou que ao longo do período colonial, a política subalterna constituiu um "domínio autônomo" que "não se originou da política da elite e nem sua existência dependia dela" (GUHA, 1982, p.4). Guha identificava este domínio subalterno da política a uma ampla variedade de modos de ação e pensamento, particularmente expressados por rebeliões, revoltas e movimentos populares. Estava implícito, segundo argumenta David Arnold (2000, p.35), que estes eram a expressão política da cultura campesina subalterna e a visão de mundo contida nela era largamente autônoma daquela da elite. Guha não concluía que ambos os domínios eram totalmente separados, mas nunca totalmente integrados – "haviam vastas áreas na vida e consciência do povo que nunca foram integrados à hegemonia. A estrutural dicotomia que surgiu disto é o ponto de partida da história indiana do período colonial" (GUHA, 1982, p.5-6).

Neste ponto, Guha se opôs à uma leitura determinista do conceito de hegemonia em Gramsci, que sugere um quase total controle político, cultural e ideológico das elites sobre as classes subalternas. O historiador marxista E.P. Thompson também sugeria uma

Existe um pensamento político subalterno? 91

leitura da hegemonia nesses termos que exerceu sobre o grupo dos *Subaltern Studies* uma importante influência no que diz respeito à análise de movimentos camponeses:

> Nossa experiência tende a nos fazer resistir à concepção de imposição hegemônica de classe como imposição absoluta de categorias ou de estruturas de dominação. Jamais houve época em que a dialética da dominação e da resistência a essa imposição não fosse central no desenvolvimento histórico. Mas em nossa história sem ruptura, temos um movimento no qual a pressão vinda de baixo é contida no alto, absorvida, o que conduz a uma modificação da estrutura, seguida por uma nova pressão de baixo (THOMPSON, 2001, p. 209).

A compatibilidade da autonomia subalterna em relação à dominação da elite ou sua hegemonia e a natureza dialética desta relação também foi apontada por Partha Chatterjee (1983a). Para o teórico indiano, os grupos dominantes, em seu exercício de dominação, não consomem nem destroem as classes dominadas, pois assim não existiria relação de poder e, consequentemente, dominação. Sem sua autonomia, as classes subalternas não teriam identidade de si mesmas, não teriam um domínio no qual poderiam resistir ao mesmo tempo em que são dominadas. Seriam, deste modo, integradas completamente à história de vida das classes dominantes.

Os trabalhos de Chatterjee sobre nação e nacionalismo na história indiana são exemplares dessa perspectiva crítica. Ao questionar a "teleologia" que guiava as visões historiográficas ortodoxas sobre o processo de independência em seu país, Chatterjee mostrou como certos conceitos totalizantes obliteravam os modos específicos de protesto e articulação política dos grupos subalternos na Índia. Isto é, a ciência política que moldava esses estudos subsumia os diversos fragmentos da insurreição popular aos limites do que se considerava propriamente "político", ignorando formas de atividade e de consciência que escapavam à moldura da esfera pública tal como formulada pelas ciências sociais europeias. O Estado-nação seria o grande dispositivo administrativo e burocrático que explicaria a continuidade dos conflitos entre colonialismo e subalternos mesmo num contexto de independência nacional, pois representaria uma forma de domesticação das múltiplas expressões políticas desses grupos sociais (cf. MAIA, 2009).

Argumenta Chatterjee (1983a) que a questão é conceitualizar aspectos da história humana como história – isto é, como um movimento que flui a partir de uma oposição entre duas distintas forças. Negar a autonomia dos subalternos seria petrificar esse aspecto do processo histórico, torná-lo imóvel, ou ainda, destruir sua história – e isso é o que a historiografia da Índia havia feito até então (CHATTERJEE, 1983a, p.59). A iniciativa e apresentação de tais investigações em temas subalternos consistem numa tentativa consciente por parte destes e outros contribuintes dos *Subaltern Studies* em contrariar a historiografia indiana moderna e estabelecer no processo histórico as aspirações e ações subalternas. Nisto, todos são fiéis à direção de Gramsci sobre o estudo das classes subalternas com vistas a buscar traços de iniciativa interdependentes. Ao fazer isto eles estão também reagindo contra os escritos convencionais sobre a Índia que definem a "história" e a "política" quase exclusivamente em termos de ideias e atividades da elite.

Com o objetivo de enfrentar as suposições de "inércia" e "irracionalidade" camponesas, os estudiosos dos *Subaltern Studies* foram necessariamente levados a estes movimentos, ou aspectos de movimentos, que deram uma evidência mais clara da iniciativa e afirmação subalterna. Guha assumiu um papel de destaque no processo de tradução das ideias gramscianas. Ao confrontar as explicações correntes sobre os momentos nos quais as

Existe um pensamento político subalterno? 93

classes subalternas superaram, ao menos temporariamente, sua caracterização fragmentária e isolada, surgiram análises importantes dos modos de comunicação política entre os camponeses. Segundo Capuzzo (2009, p.48-49), é com uma original análise da função das "vozes" e dos "rumores" na comunicação de uma sociedade camponesa ainda não mediatizada, que Guha explicou a velocidade e capilaridade, mas também a impessoalidade da comunicação política entre os camponeses. Esta perspectiva, segundo Prakash, rompeu com a entidade indivisa da Índia em uma multiplicidade de posições, tratadas como efeitos de relações de poder e dominação. Escrever história subalterna, deste ponto de vista, se tornou uma "atividade contestatória" (PRAKASH, 2000a, p.179).

O interesse voltado à história das classes subalternas em Gramsci e a importância que esse aspecto tem em sua obra foi de decisiva importância no grupo dos *Subaltern Studies*. No entanto, é importante pensar a distância que o grupo subalternista assumiu dos esforços gramscianos – distância esta que é consequência natural dos deslocamentos históricos, tanto em seu sentido geracional, quanto cultural. Embora admita que só é possível entender a subordinação como constitutiva de uma relação binária de domínio, o subalterno no sentido ampliado dado por Guha em 1982 é estabelecido enquanto ponto de partida, de inspiração para a busca de seu "direito", de sua "representação" na história.

Gramsci, por outro lado, ao imergir no mundo subalterno e em especial no mundo camponês, enquanto preocupação fundamental no que concernia à Questão Meridional italiana, tinha vistas a condição emancipatória e insurrecional desse grupo, enquanto parte constitutiva de uma relação de dominação propriamente capitalista – ou seja, o camponês, assim como suscitado por Guha, era um grupo inserido no âmbito do "político", mas Gramsci ia além na proposição de uma nova hegemonia das classes subalternas, na qual o proletariado deveria dirigir os demais grupos subalternos.

Apesar de suas inúmeras reservas quanto ao "escrever história", Guha estava, de fato, "escrevendo história". Se aceitarmos, entretanto, a elaboração da identificação gramsciana entre história e política que pressupõe que "se o político é historiador, no sentido de que não só faz a história, mas agindo no presente interpreta o passado, o historiador também é político, e neste sentido, história é sempre história contemporânea, isto é, política" (Q.10, §2, p.1242), é possível considerar o projeto indiano enquanto um projeto eminentemente político, embora não tenha avançado numa proposta propriamente emancipatória do contexto indiano. No próximo capítulo, buscaremos esmiuçar a contribuição e originalidade do trabalho de Guha, que ao tomar e atuar sobre a letra gramsciana propôs entender o contexto da Índia colonial como uma "dominância sem hegemonia".

Dominância sem hegemonia

Inscritas num sistema que não descrevem nem mesmo em aparência, as ideias da burguesia viam infirmada já de início, pela evidência diária, a sua pretensão de abarcar a natureza humana. Se eram aceitas, eram-no por razões que elas próprias não podiam aceitar. Em lugar de horizonte, apareciam sobre um fundo mais vasto, que as relativiza: as idas e vindas de arbítrio e favor. Abalava-se na base a sua intenção universal. Assim, o que na Europa seria verdadeira façanha da crítica, entre nós podia ser singela descren-

> *ça de qualquer pachola, para quem
> utilitarismo, egoísmo, formalismo e
> o que for, são uma roupa entre ou-
> tras, muito da época mas desneces-
> sariamente apertada.*
>
> ROBERTO SCHWARZ
>
> 1992, p.22-23

Foi com um manifesto de Ranajit Guha que os principais objetivos dos *Subaltern Studies* foram esboçados em 1982, partindo do pressuposto de que a historiografia do nacionalismo indiano havia sido dominada tanto pelo elitismo colonial, quanto pelo nacionalismo-burguês e que ambos eram produtos ideológicos da dominação britânica na Índia. A crítica historiográfica articulada pelo historiador indiano definiu o tom dos trabalhos subalternistas da primeira fase e encontra sua melhor síntese na obra *Dominance without Hegemony* publicada em 1997. Não por acaso o marxista indiano Vivek Chibber em sua recente polêmica com a teoria pós-colonial, registrada na obra *Postcolonial Theory and the Specter of Capital* (2013), tenha separado três capítulos para enfrentar os argumentos de Guha.[1] Como ponto de chegada de todo o seu trabalho inspirado em Antonio Gramsci, o historiador indiano havia desenhado um complexo esquema argumentativo para afirmar que o governo britânico na Índia se deu como uma "dominância sem hegemonia".

---

1 O crítico em *Postcolonial Theory and the Specter of Capital* buscou contribuir com uma análise dos elementos fundacionais do projeto subalternista, o que fomentou um amplo debate no meio (cf. CHATTERJEE, 2013; Spivak, 2014). O livro endereça sua crítica particularmente ao entendimento da divergência Ocidente-Oriente, que estaria baseada em três domínios principais: a natureza da burguesia, as relações de poder e a psicologia política (CHIBBER, 2013, p. 22). Nos deteremos sobre a primeira questão, que encontra em Guha seu principal interlocutor.

Existe um pensamento político subalterno? 97

O marxista sardo formulara sua noção de hegemonia ao longo de todo os seus *Cadernos do Cárcere*. Desde o início, como destaca Giuseppe Cospito (2011, p.79), pareceu oscilar entre um sentido do termo mais restrito ao de direção, contraposto ao de domínio, e entre um ainda mais amplo compreendendo tanto o elemento de direção, quanto o de domínio. No trecho destacado do *Caderno 1* já é possível observar este movimento:

> O exercício "normal" da hegemonia no terreno tornado clássico do regime parlamentar é caracterizado pela combinação da força e do consenso, que se equilibram, sem que a força sobrepuje muito o consenso, mas antes apareça apoiada no consenso da maioria expresso nos assim chamados órgãos de opinião pública (os quais, entretanto, em certas situações, são multiplicados artificialmente) (...) o aparato hegemônico se racha e o exercício se torna sempre mais difícil. O fenômeno é apresentado e tratado com vários nomes e sobre vários aspectos. Os mais comuns são: "crise do princípio de autoridade" – "dissolução do regime parlamentar e governativo" (Q.1, §48, p.59).

Gramsci passa de um olhar sobre a hegemonia como direção e domínio à uma caracterização de situações em que a luta pela conquista ou reconquista da hegemonia aparece subordinada, ou ainda contraposta ao exercício do domínio-força (COSPITO, 2011, p.82). Tais situações são tratadas como momentos de "crise de hegemonia", ou "crise orgânica". No *Caderno 13*, reelaborando notas dos *Cadernos 4, 7 e 9*, sob o título "Observações sobre alguns aspectos da estrutura dos partidos políticos nos períodos de crise orgânica" Gramsci irá afirmar que:

> Em cada país o processo é diverso, ainda que o conteúdo seja o mesmo. O conteúdo é a crise hegemônica da classe dirigente, que se dá ou porque a classe dirigente faliu em

> um de seus grandes empreendimentos políticos para qual tenha demandado ou imposto com a força o consenso das grandes massas (como a guerra) ou porque vastas massas (especialmente de camponeses e pequenos burgueses intelectuais) passaram subitamente da passividade política a uma certa atividade e colocaram reivindicações que em sua totalidade incoerente constituíram uma revolução. Fala-se de "crise de autoridade" o que é propriamente uma crise de hegemonia, ou crise do Estado em sua totalidade (Q13, §23, p.1603).

Em *Il ritmo del pensiero* (2011), lançando luz sobre o caráter fluido das categorias teórico-políticas gramscianas, Cospito se arrisca a definir a noção de hegemonia em três principais sentidos que se correlacionam:

> Hegemonia, no sentido "forte" com que Gramsci emprega numa série de notas cruciais dos Cadernos, como uma referência explícita ao uso leniniano do termo [Q.4 [b], §39[64]], que por sua vez representa a tradução, nas novas circunstâncias histórico-políticas, da doutrina marxista da revolução permanente [Q.8 [c], §52], é sinônimo de direção política, às vezes unida, às vezes em oposição à dominação, coerção [Q.1, §44], ou ainda, em certo sentido, talvez ainda mais significativo, elemento de conexão entre o momento do consenso e o da força (hegemonia civil ou política [Q.7 [c], §35] ligada e não contraposta àquela ideológico-cultural ou intelectual [Q.13, §26] (COSPITO, 2011, p.126).

Guha e os demais subalternistas utilizaram para suas análises traduções incompletas dos *Cadernos do Cárcere* e em suas empreitadas intelectuais, se engajaram na leitura de poucos dos escritos de Gramsci no que dizia respeito ao par conceitual utilizado de hegemônico-subalterno (cf. GREEN, 2011). Desta forma, em sua caracterização da história colonial, Guha recorreu à noção de hegemonia apenas no sentido em que se encontra em oposição à dominação, como um critério metodológico de interpretação e não como programa político. O objetivo do historiador indiano, pensando em termos gramscianos, era o de evidenciar os momentos de crise de hegemonia das classes dirigentes do Estado colonial indiano nos quais as classes subalternas passaram da "passividade política" à uma "certa atividade", como forma de resistência ao domínio do capital no subcontinente. Para tanto, Guha recorre antes à Marx como meio de denunciar o caminho que o capitalismo tomou para criar um mercado global e para subjugar cada momento da produção ao sistema mais amplo do valor de troca.

Lendo os *Grundrisse* (1973), Guha mostra como Marx travou uma batalha contra a tendência universalizante do capital ao expor o progresso desigual do desenvolvimento material em todo o mundo, e lamenta que a grande maioria dos leitores tenha tendido a focar cegamente antes nesse caminho universalista do que em seus limites e insuficiências. Nas palavras de Guha, "a historiografia aprisionou a si mesma em um universalismo abstrato graças à qual se tornou incapaz de distinguir entre o ideal do capital lutando por sua própria realização e a realidade de seu fracasso ao fazer isso" (GUHA, 1997a, p.19). O resultado desse erro, nessa perspectiva, é que historiadores assumiram que o capitalismo foi instituído com sucesso na Índia, e que teria superado os obstáculos colocados pelos colonizados no caminho para o colonialismo e sua autoexpansão. Nesse sentido, teriam confundido "dominância" com "hegemonia" ao acreditar que os indianos aceitaram a imposição do capital sem resistência, e se "esqueceram" da agência das massas ao contestar as estruturas dominantes impostas pelos de cima. Chakrabarty articula uma objeção similar e afirma que "para 'capital' e 'burguesia', se lê [sinônimos de] 'Europa'" (CHAKRABARTY, 1999, p.4).

As relações de poder formaram não apenas a maneira como os colonizadores viram seus subalternos, mas obviamente também afetaram as relações entre grupos sociais diferentes em meio ao Estado colonial, como entre as elites educadas e os camponeses (VEZZADINI, 2009, p.160). É principalmente esta última relação que foi descrita pelos autores subalternistas através do conceito de "dominância sem hegemonia". Em primeiro lugar, se destacou a posição política ambígua assumida pelas elites nacionalistas indianas, que ao se situar entre as massas e os colonizadores, poderiam ser consideradas tanto como grupo subordinado à administração colonial, quanto como dominadores em relação às massas rurais. Reciprocamente, na Índia, os camponeses estavam sujeitos à uma dupla subordinação – eram objetos de exploração tanto das elites locais, quanto do Estado colonial. Chatterjee (1993, p.18) define esse grupo subalterno como um dos "fragmentos", em busca de indicar sua resistência ao "projeto normativo" cultural das elites nacionalistas.

No caso indiano, a subordinação dos camponeses subalternos afetou a forma na qual eram entendidos. De um lado, a cultura subalterna era desprezada, vista como "vulgar", baixa e irrelevante. Por outro lado, certos aspectos específicos eram vistos com atenção pelas elites nacionalistas, que os entendiam como "tradicionais" e "autenticamente indianos". Desta forma, a cultura popular era vista, mais uma vez, como um conhecimento objetivado que as elites formularam sobre os grupos subalternos. Tal conhecimento era desconectado de seu objeto, os camponeses, e transformado em ficção, na qual o povo representado não tinha voz (CHATTERJEE, 1993, p.72-75). A questão, portanto, diz respeito à razão porque as elites indianas precisaram realizar tal operação, de apropriação diferencial e transformação.

Existe um pensamento político subalterno? 101

As elites eram, em grande parte, educadas em escolas coloniais. Através da educação, foram treinadas para servir o Estado colonial e incorporarem parte desta ideologia, tal como a ideia de que o país necessitava de modernidade e progresso para se desenvolver. No entanto, os princípios universalistas do Estado moderno liberal que eles admiravam eram também conceitos ambíguos, intimamente ligados à colonização, e ensinados em escolas por representantes do Estado. Para Chatterjee, a elite nacionalista tinha que "escolher um lugar de autonomia a uma posição de subordinação ao regime colonial, que tinha ao seu lado os recursos justificatórios mais universalistas produzidos pelo pensamento social pós--Iluminista" (IBID., p.11). Isso explica o porquê que a elite, em seu entendimento da nação, respondeu à esta contradição separando os domínios público e privado, racional e espiritual, material e religioso (VEZZADINI, 2009, p.161).

A partir de uma reflexão análoga a Guha, o crítico literário brasileiro Roberto Schwarz, cuja formação intelectual é contemporânea à dos intelectuais subalternistas, tratou também do "sentimento de despropósito" da relação entre as referências intelectuais europeias e o ambiente social brasileiro (cf. RICUPERO, 2013). Para o crítico, nas ex-colônias, o liberalismo não poderia descrever o curso real das coisas – e nesse sentido era "uma ideia fora do lugar" – o que não impediu, entretanto, que tivesse outras funções:

> Por exemplo, ele permite às elites falarem a língua mais adiantada do tempo, sem prejuízo de em casa se beneficiarem das vantagens do trabalho escravo. Menos hipocritamente, ele pode ser um ideal de igualdade perante a lei pelo qual os dependentes e os escravos lutam. A gama de suas funções inclui a utopia, o objetivo político real, o ornamento de classe e o puro cinismo, mas exclui a descri-

ção verossímil do cotidiano, que na Europa lhe dá a dignidade realista (Schwarz, 2012, p.171).

Como explica Schwarz, as ideias sempre têm alguma função. Na Índia, em todos os domínios que concerniam a política, o Estado e a economia, a intelligentsia indiana foi inspirada pelos valores do racionalismo, do universalismo e da ciência, coagida e se incluir no projeto de modernidade que os dominadores coloniais clamavam trazer. Ao mesmo tempo, para os indianos instruídos, os domínios do "interior" e do "espiritual" eram vistos como manifestações verdadeiras da essência da Índia; aqui, a superioridade do país em relação ao Ocidente era indisputável. Esse era também o domínio no qual a representação feita pela elite do "popular" era usada como *reservoir* das tropas culturais, que desenhavam imagens da "verdadeira indianidade".

As elites fundiram os domínios do privado e do público na mesma ideologia do nacionalismo. Desde suas primeiras formulações, o nacionalismo foi a linguagem que expressou as reivindicações de uma certa coletividade para ser historicamente, culturalmente – de fato, essencialmente – única e específica, enquanto ao mesmo tempo ligada a princípios universais. É no domínio ideológico que o universalismo encontra e, aparentemente se reconcilia, com o particularismo. Aqui as elites indianas poderiam afirmar a grandeza de seu espírito, enquanto encontravam suas demandas no principio universal da autodeterminação do povo.

Para Chakrabarty (2000b, p.xiii-xiv) – seguindo uma perspectiva pós-estruturalista, cujos argumentos trataremos na Parte II – nada concreto e particular poderia ser também universal, pois o valor de uma palavra como "direito" ou "democracia", enquanto "grosseiramente traduzíveis" de um lugar para outro, continham elementos

Existe um pensamento político subalterno?

que desafiavam o próprio processo. Tal desafio era constitutivo do processo cotidiano de tradução. Como alerta Schwarz, entretanto,

> não se trata apenas de relativizar a oposição de local e universal, mas também de ver as reciprocidades perversas entre ex-colônia e nações imperialistas, subdesenvolvidos e desenvolvidos, periféricos e centrais etc., oposições politicamente mais relevantes e carregadas. A própria distância entre a herança social-econômica da Colônia e os avanços da civilização, geralmente sentida como quase irremediável, por momentos pode aparecer como margem de manobra e como oportunidade para um salto inovador (SCHWARZ, 2012, p.170).

Para Guha, a forma na qual a nação era representada pelas elites teria "falhado" ao atrair outras forças sociais, as transformando em nação, contrariamente ao que, para o autor, havia acontecido em algumas nações europeias. O interior, o privado, o religioso e todos os outros aspectos do que era entendido como a "autêntica Índia" meramente representou o mundo cultural da elite e estabeleceu categorias que eram mais exclusivas do que inclusivas. Pensando a operação do nacionalismo aplicado ao caso brasileiro, Schwarz observava que na mesma linha paradoxal a "imposição ideológica externa e expropriação cultural do povo" foram realidades que não deixaram de existir em razão da "mistificação da fórmula". No entanto, muito embora a crítica feita por modernistas a esta fórmula tivesse algum sentido, revelando seu caráter mistificador, esta fazia supor um mundo universalista, que, este sim, não existia – tratava-se, enfim, "de escolher entre o equívoco antigo e o novo, nos dois casos em nome do progresso" (SCHWARZ, 1987, p.34).

A consequência desse dilema na Índia foi que, muito embora a aliança entre elite nacionalista e subalternos contra os dominadores coloniais tivesse funcionado, a imaginação da nação formulada pela elite não incluiu a identidade cultural das classes subalternas e sua autorrepresentação (cf. ANDERSON, 1991). A elite jamais teria imaginado a si própria como "irmã" dos camponeses – sua cooptação não se baseou num ideal de igualdade, mas antes num de diferença. Como argumenta Gyan Prakash (2000b, p.231), o capitalismo, ao contrário de homogeneizar necessariamente a diferença, é perfeitamente capaz de utilizar e gerar heterogeneidade:

> A noção de capitalismo é uma fonte de recursos responsável por originar e envolver valores de diferença apropriando heterogeneidade como uma diferença auto-consolidada (...) Quando o capitalismo é feito para ficar para a História – de modo a apagar a heterogeneidade das histórias do subalterno colonizado e do proletariado metropolitano – a alteridade absoluta é apropriada como diferença auto-consolidada. Nós somos, então, convidados a pensar uma vez mais o colonialismo como parte da trajetória do capitalismo, demandando uma estratégia única, indiferenciada de resistência (PRAKASH, 2000b, p.231).

Se a elite nacionalista "falhou" ao incluir os subalternos em sua ideia de nação, na qual todos eram iguais e tinham os mesmos direitos, outros discursos tiveram de ser elaborados em busca de atingir o mesmo efeito inclusivo. Segundo Chatterjee,

> O contraste era feito com uma sociedade capitalista, liberal, totalmente desenvolvida, onde não havia dominação de classe (...) Havia um consenso ativo que foi produzido – não se baseava apenas em força pura. Enquanto que o fenômeno que nós sempre nos preocupamos foi o caráter fundamentalmente autoritário do Estado pós-colonial (...) O Estado nacional pós-colonial não se baseou nesse tipo de estrutura de consenso (CHATTERJEE, 2006).

Existe um pensamento político subalterno? 105

Tanto o conceito de "dominância sem hegemonia", quanto o de "fragmento", se mostram com força na argumentação de Chatterjee (1993). O autor mostra como, ao serem excluídas da imaginação da nação, as classes subalternas mantiveram uma relativa independência em relação à ideologia das elites, de sua explicação do mundo e de sua racionalização das hierarquias sociais. Em outras palavras, para o teórico indiano, os subalternos não se tornaram parte da "hegemonia ideológica do Estado", que desejou representar seus próprios interesses como os interesses de todos, baseados na ideia de igualdade de todos os sujeitos. Eles foram imaginados por elites verdadeiramente nacionais como diferentes, e essa regra de diferença criou "fragmentos" dentro do projeto nacionalista.

Para reconstruir a história de tais "fragmentos", foi necessário aos subalternistas empreender uma metodologia especial, particularmente atenta aos vãos inexplicáveis, aos silêncios da história e seus paradoxos. O intelectual que discutiu essas questões, em busca de dar pistas para outros cientistas sociais foi Ranajit Guha, o fundador dos *Subaltern Studies*.

Condições para a crítica e seus limites

O tema da "história indiana" foi assumido como ocupação primordial pelos colonizadores britânicos desde o início de sua dominação. De uma historiografia rudimentar, própria a uma burocracia inexperiente, preocupada com a sucessão das famílias proprietárias, até um discurso sofisticado e mais maduro para assegurar o controle sobre a prosperidade da terra, o objetivo de reforçar o aparato britânico, junto a um controle ideológico, sempre esteve presente – boa parte das energias e ferramentas da intelectualidade britânica do século XIX foram atreladas a este projeto. Um vasto corpo de conhecimento colonialista investigou, registrou e escreveu sobre o passado indiano de modo a afirmá-lo como um pedestal no qual os triunfos e glórias dos colonizadores e seus instrumentos, o Estado colonial, pudessem ser vistos –

> Deste modo, a história indiana, assimilada à história da Grã Bretanha, pôde ser usada como uma medida abrangente de diferença entre os povos destes dois países – politicamente esta diferença foi explicitada como àquela entre governantes e governados; etnicamente, entre brancos e negros; materialmente, entre poder ocidental prospero e níveis baixos de civilização, entre a religião cristã superior e o sistema de crenças nativas, formado por superstições e barbárie – tudo adicionado à diferença irreconciliável entre colonizadores e colonizados (GUHA, 1997a, p.3).

Para Guha, a apropriação do passado "por conquista" carrega consigo o risco de "ricochetear o conquistador". Pode acabar sacralizando o passado para o povo dominado e o encorajar a definir e afirmar sua "própria identidade". Isso foi o que aconteceu na Índia – "a história se tornou um jogo" entre "o projeto estrangeiro colonialista de apropriação e o projeto nativo nacionalista de contra-apropriação" (IBID., p.3). Ambos se trancaram numa batalha irresoluta, e as contradições do colonialismo que primeiro inspiraram a competição permaneceram num nível ideológico mesmo depois de sua resolução, em termos constitucionais, com a transferência do poder.

Nenhum dos lados percebeu o absurdo da acusação mútua de "desvio" das normas, que foram exibidas como ideais, e se preveniram de entender a si próprios como os idiomas dominantes da prática política. Essa incompreensão, muito sintomática da indisposição do liberalismo transplantado às condições coloniais, informou os discursos históricos correspondentes a ambas perspectivas e ressaltou sua falha comum em discernir as anomalias que fizeram do colonialismo uma forma paradoxal. Vale pensar, nessa perspectiva, a realidade brasileira. Quando da importação do liberalismo, o trabalho escravo no Brasil continuava dominante, revelando-se objetivamente, para Schwarz, como "ideia fora do lugar". Nessa perspectiva, o país teria posto e reposto "incansavelmente" ideias europeias, "sempre em sentido impróprio" (SCHWARZ, 1992, p.24). Para o crítico, o que era originalmente ideologia na Europa, converteu-se, nos trópicos, quando muito, em ideologia de "segundo grau".

O paradoxo reside, tanto para o crítico brasileiro, quanto para o historiador indiano, no fato de que a performance dos grupos dominantes estava amplamente desviada de sua "competência histórica". Tanto Guha, quanto Schwarz foram severamente criticados por esta tese. Para Chibber, a performance da burguesia indiana estava "bastante de acordo com sua competência" (CHIBBER, 2013, p. 84). Isso porque relutante em incorporar as demandas subalternas em seu programa, a burguesia na Índia não foi diferente das elites europeias em suas revoluções clássicas. O crítico de Guha acredita que, em ambos os casos, tanto no europeu, quanto no indiano, as classes dominantes reagiram de modo similar à mobilização subalterna, tentando minimizar suas cobranças no que dizia respeito ao seu próprio poder.

No caso brasileiro, como indica Bernardo Ricupero (2008, p.60), muitos argumentaram que não teria sentido falar em "ideias fora do lugar", uma vez que se não fossem "funcionais" ou "adequadas" à determinada realidade social, não haveria porque perdurarem. A partir de escritos como os de John Locke e Adam Smith, a escravidão já havia sido compreendida como não sendo incompatível com o liberalismo. A crítica mais conhecida da formulação de Schwarz é a de Maria Sylvia de Carvalho Franco, que como Ricupero explica:

> Contra o argumento da inadequação de ideias à realidade, [a autora] defende que nela está implícita uma relação de exterioridade entre as primeiras, originárias do centro capitalista, e o ambiente social brasileiro. A partir daí, Carvalho Franco baseia sua crítica na vinculação, correta por sinal, da tese das "ideias fora do lugar" à teoria da dependência. Segundo ela, a caracterização que tal teoria faz da relação entre antigas metrópoles e colônias, os polos centrais e periféricos do capitalismo, como de oposição e até incompatibilidade – sugerindo-se, mesmo, que nas duas situações prevaleceriam diferentes modos de produção – inspiraria a formulação das "ideias fora do lugar". Carvalho Franco, por sua vez, sustenta que centro e periferia faziam parte do mesmo modo de produção, favorecendo momentos diferentes do processo de constituição e reprodução do capital (RICUPERO, 2008, p.61).

Cerca de três décadas após a primeira formulação do argumento,[2] em Por que "ideias fora do lugar"?, o crítico literário volta ao tema, em defesa de seu argumento, o que pode nos ajudar a entender também, em parte, as críticas de Chibber ao fundador dos *Subaltern Studies*. Schwarz afirma que nunca lhe ocorreu que as ideias no Brasil estivessem "no lugar errado, nem aliás que estivessem no lugar certo", e muito menos que lhe caberia a função de "corrigir sua localização" – para ele, "ideias funcionam diferentemente segundo as circunstâncias" (SCHWARZ, 2012, p.165). Nesse sentido, a causa do mal-estar ideológico está no processo internacional iniciado com a descolonização – "em lugar de superação, persistência do historicamente condenado, mas agora como parte da pátria nova e de seu

---

2   Publicado primeiramente nos *Estudos Cebrap*, em inícios da década de 1970, o texto de Schwarz comporia cerca de duas décadas depois o livro *Ao Vencedor as Batatas: forma literária e processo social* nos inícios do romance brasileiro.

Existe um pensamento político subalterno? 109

progresso, o qual adquiria coloração peculiar, em contradição com tudo que a palavra prometia" (IBID., p.168). Portanto,

> Seja como for, as ex-colônias não eram nações como as outras, que lhes serviam de exemplo e a que se queriam equiparar. A diferença não era um vestígio do passado, em vias de desaparecer, nem um acidente, mas um traço substantivo da atualidade periférica, com muito futuro pela frente. Daí uma comédia ideológica original, distinta da europeia, com humilhações, contradições e verdades próprias, que no entanto não dizia respeito apenas ao Brasil, como pareceria, mas ao conjunto da sociedade contemporânea, da qual era uma parte específica, tão remota quanto integral (ibid., p.169).

A inserção de peculiaridades de nação periférica no presente do mundo cria uma situação intelectual-política original de alto interesse. No caso indiano, o ponto crítico reside no implícito contraste com a prática da elite europeia. Para Chibber, Guha aceita, tal qual a historiografia liberal, que o principal ator da história é a burguesia – que no caso indiano, teria falhado em seu projeto de instalação de uma ordem política baseada no consenso das massas. Baseado numa visão restrita da noção, contraposta à de domínio, hegemonia passa a significar, nesse sentido, uma expressão da integração nacional, internalizando as próprias premissas liberais. Chibber conclui, a partir das experiências europeias de 1640 e 1789, que a hegemonia definida nesses termos jamais fora a âncora das revoluções burguesas (CHIBBER, 2013, p.99). Ambas as revoluções evoluíram a guerras civis, nas quais o lado revolucionário teve que recorrer a medidas tais quais conscrição e aquartelamento, o que, em comparação, faria qualquer coisa feita pelo Congresso indiano ser considerada acanhada.

Para Chibber, há pouca justificativa que sustenta a análise de Guha, para a qual a prática do Congresso indiano é vista como indicadora da derrota na obtenção de hegemonia – este fator seria decorrente de sua insistência em entender a experiência europeia como o exemplo maior de sucesso em termos de hegemonia. Se aceitarmos essa tese, a liderança europeia também deve ser julgada, ou antes, "a liderança de todo movimento moderno bem sucedido deve ser considerada não hegemônica" – o que é, em sua opinião, "certamente, uma conclusão perversa" (IBID., p.86). A prioridade das elites, tanto as francesas, quanto as inglesas, depois de suas conquistas, era antes excluir as classes subalternas do que fortalecer sua incorporação à nação. A agenda própria às lideranças não reservava espaço algum para a construção de uma comunidade política inclusiva – "as organizações políticas que surgiram na esteira das revoluções burguesas clássicas eram oligarquias, não ordens liberais" (IBID., p.87).

Para Guha, na Índia sob condição colonial, havia uma burguesia metropolitana que professava e praticava a democracia em casa, mas estava satisfeita em conduzir o governo de seu império indiano como uma autocracia. Vencedores do direito à autodeterminação das nações europeias, teriam negado o mesmo direito aos subalternos indianos até a última fase do *Raj*, e o concederam apenas quando foram forçados, sob o impacto dos conflitos anti-imperialistas. Por outro lado, a burguesia indiana – gerada e alimentada pelo próprio colonialismo – foi incapaz de corresponder ao heroísmo da burguesia europeia em seu período de ascendência. Professava-se um liberalismo "medíocre" – porque não de "segundo-grau"? – uma caricatura da cultura democrática da época da ascensão da burguesia no Ocidente, operacionalizado num período colonial através de uma relação simbiótica entre as forças ainda ativas e vigorosas da cultura semifeudal na Índia.

Chibber critica justamente esse aspecto do argumento de Guha – tanto no exemplo francês, quanto no inglês, levou mais de um século, após os novos Estados instaurados, para que a luta incessante travada pelas classes trabalhadoras obtivesse quaisquer direitos políticos fundamentais – os mesmos associados por Guha à ordem hegemônica, ordem esta que levou mais de um século para se formar. Ao contrário, a experiência indiana teria, na verdade, revelado um relativo avanço em relação às revoluções europeias, uma vez que na visão de Chibber, o novo Estado indiano ofereceu, em grande medida, mais espaço político do que qualquer modelo europeu:

> enquanto as elites europeias foram capazes de suprimir as aspirações políticas subalternas em suas revoluções, os indianos não foram. Tendo tido de respeitar um movimento social massivo como o seu bilhete ao poder, a burguesia indiana não teve os meios de desautorizá-lo. O movimento era muito forte, muito bem-organizado, e contava com muito apoio da elite nacionalista. Embora a burguesia possa não ter desejado dotar as classes trabalhadoras de poder, era algo que ela tinha de aceitar (CHIBBER, 2013, p.88).

Guha estava certo, entretanto, na visão de Chibber, ao impugnar as credenciais liberais dos capitalistas indianos. Eles não eram, de fato, amantes da democracia ou do empoderamento das classes trabalhadoras. A reação inicial que tiveram à transformação do Congresso Nacional em uma organização de massas mobilizadora, ao longo dos anos 1920, foi a de organizar um partido rival representando as classes proprietárias. No entanto, para Chibber, nenhum desses fatos distinguiria os capitalistas indianos das elites britânicas. O que os diferencia é o tipo de regime político que as duas épocas geraram – decorreram duas oligarquias na Europa e uma democracia eleitoral na Índia.

Retornando ao argumento de Guha em sua crítica, o primeiro passo necessário era o de afastar o "mito da neutralidade ideológica", central para a historiografia liberal. Isso porque não seria possível escrever ou falar sobre o passado sem usar conceitos e pressuposições derivadas de uma experiência e compreensão do presente, ou seja, das ideias através das quais o escritor ou interlocutor interpreta seu tempo para si próprio e para os outros. Em outras palavras, Guha afirmava, mais uma vez, que "toda história é história contemporânea".

Desta forma, a historiografia deveria ser vista como um meio não só de compartilhar, mas também de propagar ativamente todas as ideias fundamentais pelas quais a burguesia representa e explica o mundo, como ele é e como ele foi. A função desta cumplicidade é, em suma, fazer a historiografia liberal falar de dentro da própria consciência burguesa:

> Comprometer um discurso a falar de dentro de uma dada consciência é desarmá-lo, na medida em que sua faculdade crítica é feita inoperante no que se refere àquela particular consciência. Nenhuma crítica pode ser totalmente ativa, a não ser que seu objeto esteja distanciado de sua agência. Isso explica porque a historiografia liberal, limitada como ela é dentro da consciência burguesa, jamais pôde atacá-la vigorosamente o suficiente como o objeto de sua crítica. Ao passo que os paradoxos característicos da cultura política do colonialismo testemunham o fracasso da burguesia, na compreensão das limitações estruturais da dominância burguesa própria, não é surpreendente que o discurso histórico liberal também seja cego a esses paradoxos. Esta cegueira é necessária, e se poderia dizer até congênita, por meio da qual a historiografia adquire sua origem de classe (GUHA, 1997, p.7).

Para Guha, portanto, a historiografia liberal é cúmplice da dominância da burguesia moderna. A interpretação liberal da história não apenas estenderia os interesses da classe dominante, mas, de fato, refletiria o seu próprio ponto de vista acerca do mundo. Os argumentos de *Dominance Without Hegemony* procuraram ser um antídoto para tais "apologéticos". Toda a argumentação de Guha leva a seguinte questão – de onde pode vir, então, a crítica? Está claro que nenhum discurso poderia opor uma análise genuinamente descompromissada a uma cultura dominante, apresentando seus mesmos parâmetros ideológicos.

A crítica se origina, portanto, de uma ideologia antagônica à cultura dominante e lhe declara guerra mesmo antes da classe pela qual fala chegar ao poder. Ao travar a batalha antes mesmo da conquista de poder da classe que representa, a crítica demonstra a mudança característica de todos os períodos de grande transformação social, quando uma classe ascendente desafia a autoridade de uma outra, antiga e moribunda, mas ainda dominante. Desta forma, a crítica da cultura burguesa dominante nasce das contradições reais do capitalismo e antecipa sua dissolução. Guha destaca, dentre estas contradições, a tendência universalizante do capital. Sua função é a de criar um mercado global, subjugar todos os modos de produção antecedentes, e substituir todas as instituições concomitantes destes modos. De modo geral, todo o edifício das culturas pré-capitalistas, através de leis, instituições, valores e outros elementos para uma cultura apropriada à norma burguesa.

Mas o que Guha ressalta, a partir das páginas dos *Grundrisse*, é que Marx não acatou esta ilusão. Ao contrário, a discrepância entre a tendência universal do capital como um ideal e a frustração desta tendência na realidade era, pra ele, a proporção que as contradições das sociedades burguesas ocidentais assumiram em seu tempo. Com isso, explicou o caráter desigual do desenvolvimento material do mundo burguês contemporâneo, demonstrado pelas fases claramente distintas de desenvolvimento pelas quais passavam a Alemanha, a França, a Inglaterra, e os Estados Unidos, considerado numa ordem ascendente. Nas especificidades de cada contexto, Marx teria lançado luz, na visão de Guha, a muitas anomalias e inconsistências do pensamento e atividade burguesa. Em cada instância, identificou e definiu suas características próprias em termos da extensão das inadequações ao ideal universalista.

A historiografia liberal originou uma ilusão sobre o poder do capital e acabou presa em um universalismo abstrato. Entretanto, como nos lembra Schwarz (2012, p.171), "não vivemos num mundo abstrato, e o funcionamento europeu do liberalismo, com sua dimensão realista, se impõe, decretando que os demais funcionamentos são despropositados". O "despropósito" dos ideais liberais na Índia foi o principal responsável pela deturpação das relações de poder próprias ao colonialismo no discurso histórico. O ponto essencial desta deturpação, para Guha, foi a de que a dominância sob as condições coloniais foi erroneamente dotada do caráter de hegemonia. Essa presunção de hegemonia propiciou um olhar seriamente distorcido sobre o Estado colonial e sua configuração de poder.

Guha propõe entender a configuração geral do poder na Índia colonial através da relação de dominância e subordinação – dominância por coerção e persuasão; subordinação por colaboração e resistência. Nestes termos, a hegemonia operaria como um conceito dinâmico, mantendo até a mais persuasiva estrutura da dominância, sempre e necessariamente aberta à resistência. Para o historiador indiano, dessa forma se poderia evitar a justaposição gramsciana de dominação e hegemonia como "antinomias". É nestes termos que Guha recorre ao termo de hegemonia, deduzido do que teorizou como dominância, pois assim acredita oferecer a dupla vantagem de antecipar um deslize em direção a uma conceptualização liberal--utópica do Estado e, ao mesmo tempo, oferecer uma representação do poder como uma relação histórica concreta informada necessariamente e irredutivelmente tanto pela força, quanto pelo consenso.

Paradoxos de poder na Índia: a derrota do projeto universalista?

A articulação entre dominância e subordinação na Índia colonial foi constituída por relações paradoxais de poder. Para Guha, não houve nada na natureza da autoridade do governo britânico neste país em que não houvesse elementos paradoxais operando, tanto separadamente, como, na maioria dos casos, em combinação. Uma vez que estes elementos foram mutuamente interativos, cada uma das instâncias esteve subjugada aos efeitos sobredeterminados de outras. Para uma abordagem como esta, se parte da premissa que o princípio da diferenciação entre "dois idiomas" trabalha dentro de cada uma das quatro partes constitutivas da dominância e da subordinação, ou seja: coerção e persuasão como partes da dominância, e colaboração e resistência como parte da subordinação. Para Guha,

> Um idioma deriva da cultura política metropolitana dos colonizadores, o outro das tradições políticas pré-coloniais dos colonizados. Eles derivam, em suma, de dois paradigmas distintos, um dos quais é tipicamente britânico e o outro, indiano. É a coalescência destes dois idiomas e sua divergência que determina as tensões dentro de cada elemento e define seu caráter (GUHA, 1997, p. 24).

Ao analisar primeiramente a dominação e seus elementos, Guha destaca ser evidente como a coerção vem primeiro que a persuasão, e, na verdade, se encontra na frente de todos os outros elementos. Essa precedência advém da lógica da formação do Estado colonial. Não tem como haver colonialismo sem coerção, não há subjugação de todo um povo em sua própria terra a estrangeiros, sem que haja o uso explícito da força. Disso resulta que o poder se estabeleceu inicialmente por um ato de conquista.

No entanto, a justificativa da ocupação britânica na Índia pelo direito de conquista foi sujeitada em pouco tempo a uma mudança dialética, na medida em que o colonialismo superava sua fase inicial predatória e mercantilista para um modo imperial mais sistemático. A confiança exclusiva no poder "da espada" deu espaço a um controle ordenado no qual a força teve que aprender a conviver com instituições e ideologias designadas para gerar consenso. Em outras palavras, "o idioma da Conquista foi substituído pelo idioma da Ordem". Dentro da tradição britânica, assim como na política burguesa em geral, a Ordem foi imposta pelo aparato coercitivo do Estado:

> A Ordem começou a ser identificada com alguns dos aspectos mais repugnantes do governo colonial e ajudou mesmo a designá-lo como autocracia. O que, entretanto, fez a sanção do colonialismo particularmente notável foi o fato de que na Índia a preocupação central pela Ordem se estendia aos assuntos que diziam respeito, na Europa Ocidental, desde o final das monarquias absolutistas, como tendo pouco a ver com o Estado ou, ainda, com suas funções não-coercitivas tomadas separadamente (IBID., p. 25).

Recorreu-se ao "idioma da Ordem" com a intenção de conduzir tudo o que dizia respeito à segurança pública, ao saneamento, à municipalização dos grandes centros urbanos. Na Índia rural, a intervenção coercitiva do Estado permitiu invadir um domínio guardado pelos instrumentos e ideologia da lei burguesa na metropolitana Grã-Bretanha – o domínio do corpo. Mas o corpo dos colonizados não estava tão seguro no governo da mesma burguesia britânica naquele subcontinente, ao passo

Existe um pensamento político subalterno? 117

que o uso da Ordem para mobilizar mão de obra foi repetidamente demonstrado.

Um dos paradoxos característicos do colonialismo foi o fato de que práticas feudais, longe de serem abolidas, ou ao menos reduzidas, foram, ao contrário, reforçadas num governo que representava a autoridade da burguesia considerada como a "mais avançada do mundo". Mas o idioma da Ordem não esteva sozinho estruturando a Coerção, ele interagiu com outro idioma – o idioma de "Danda"[3], conceito central para todas as noções de dominância nativas. Danda, para além de seu significado semântico, diz respeito a um conjunto de "poder, autoridade e punição", um meio de vigorar a força e o medo como os princípios fundamentais da política. Fonte e fundação da autoridade real, o idioma Danda é visto como a manifestação da vontade divina nos negócios do Estado.

Este conceito severo de poder serviu, no período colonial, para legitimar todas as práticas de autoridade coercitiva pelos dominantes sobre os subalternos em todo passo que fosse tomado fora do domínio zelosamente guardado pela Ordem oficial. O aspecto sacro deste idioma permitia a esta prática justificar a si própria por uma moralidade que estivesse de acordo com os valores semifeudais ainda pronunciados na cultura indiana. Segundo esse princípio, o uso da violência pelas elites de casta superior contra os intocáveis, ou a instigação da luta sectária por um grupo dominante local contra os subalternos, que tivessem aderido a uma fé contrária, poderia passar como atos baseados na defesa da soberania do Dharma.[4]

---

3 Danda denota "punição" em hindu.

4 Termo amplo que abrange todos os aspectos do modo de vida hindu, usado também para denotar quaisquer de seus momentos particulares, tal qual moralidade, conduta, dever, religião, ritual, costume, tradição, e assim por diante.

118   Camila Góes

De fato, sanções punitivas para mulheres que desrespeitassem o código de moralidade sexual, construída inteiramente desde um ponto de vista masculino, poderiam ser justificadas como essenciais para a manutenção de uma ordem moral indiferenciada. Ou seja, Danda estava ali para apoiar a autoridade putativa ao rei em cada pequeno reinado constituído por dominância e subordinação, em todas as relações de gênero, geração, casta e classe. No que se refere ao elemento da Persuasão, havia também dois idiomas distintos em interação. O primeiro era o idioma britânico do Progresso, que informou todas as tentativas feitas pelos dominadores coloniais de se relacionar não antagonistamente aos dominados. Para isso, entre outros artifícios, se recorreu à educação ocidental e à adoção do inglês como a língua da administração e instrução; ao patrocínio oficial e quase-oficial para a Índia literária, teatral, e outras produções artísticas; aos esforços missionários cristãos no sentido de melhorar as condições das castas inferiores e populações tribais; aos projetos orientalistas com o intuito de explorar, interpretar, e preservar a herança da cultura indiana antiga e medieval; às medidas constitucionais e administrativas para acomodar a elite indiana em uma posição secundária dentro da estrutura de poder colonial; à atitude paternalista britânica com relação ao campesinato; etc. A ideia do Progresso que informou essas medidas, entre outras, revelou que a historiografia colonialista, como evidência do caráter essencialmente liberal do *Raj*, era uma característica central da cultura política da Inglaterra na maior parte do século que se estenderia a partir da década de 1780. A Índia, desta forma, foi uma figura repetidamente utilizada no discurso metropolitano de Progresso, precisamente por sua importância como caso extremo. Já no âmbito indiano, o Progresso figurou como uma estratégia política para persuadir a elite nativa a se anexar ao regime colonial e tornar a dominância imperial aceitável, até mesmo desejável, aos indianos.

Essa assimilação só foi possível com a presença no contexto político indiano do idioma do Dharma. Era ao Dharma que a elite indiana recorria para justificar e explicar as iniciativas pelas quais esperava se relacionar com seus subordinados da forma mais não antagonista possível. Mesmo quando a iniciativa era claramente liberal em sua forma e intenção, tal qual construir uma escola, sua racionalidade era buscada no Dharma, entendido, de modo geral, como a quintessência da "virtude" e "do dever moral", que implicava num dever social de acordo com o lugar ocupado na hierarquia de castas, assim como nas estruturas locais de poder – isso é, conforme o que Weber chamou de doutrina societal "orgânica" do Hinduísmo. Com isso, resultou que, curiosamente, "algo tão contemporâneo aos séculos XIX e XX como o nacionalismo, muitas vezes fez a sua aparição num discurso político vestido com a sabedoria antiga Hindu" (IBID., p.36).

Subsequentemente, mesmo depois do Congresso emergir como um partido de massas sob a liderança de Mahatma Gandhi e a elite nacionalista adquirir uma base relativamente mais ampla, o anseio por falar pela nação estava ainda amparado por aquelas condições materiais e espirituais. Como resultado, o idioma do Dharma continuou a influir o discurso político da elite, especialmente naquela variedade particular que recusa a luta de classes como um instrumento necessário e significativo da luta contra o imperialismo. Na medida em que o "Ghandismo" foi, neste período, a mais importante de todas as ideologias de colaboração de classe dentro do movimento nacionalista, foi também o discurso que recorria mais frequentemente ao conceito de Dharma.

Guha destaca que Gandhi mesmo não fazia segredo das práticas que ele tinha em mente para esta teoria. Era formulada e declarada em oposição à teoria socialista e em defesa do latifúndio. Com isso, a penetração do nacionalismo da elite pelos interesses dos grandes negócios passou a ser mediada pelo idioma clássico da conciliação política – o Dharma. Dentro da relação de dominância e subordinação, se investiu o elemento Persuasão com um ingrediente caracteristicamente indiano para combinar um ingrediente britânico de Progresso promovido pelo imperialismo liberal. O propósito perseguido por cada idioma, em seu respectivo domínio, era o de aplacar contradições ao fazer elas mutuamente não antagonistas e permitir que o mecanismo da dominância funcionasse sem problemas.

O idioma britânico que informou o elemento da Colaboração foi o da Obediência, derivado, segundo Guha, do discurso próprio do Utilitarismo. Trata-se de um idioma enfatizado pelo pensamento de Bentham e de sua rejeição à teoria do "contrato original" de Locke, em favor da noção de autoridade de Hume.

O princípio da utilidade não nega a legitimidade da resistência em "casos excepcionais", mas mantém a obediência como "regra". Para o historiador indiano, há um aspecto autoritário desse discurso, que tem como continuidade a insistência nos deveres antes no que nos direitos, revelando "o espírito de uma burguesia dominante que usou o poder da dissidência em seu caminho para o topo, mas chegando lá, considerou mais fácil viver com o conformismo" (IBID., p.41). Na medida em que o colonizador e o colonizado são, então, localizados em seus respectivos lugares – o da dominância e subordinação, respectivamente – o discurso prossegue valorizando os termos da subordinação legalista, especificada como "humilde", na prestação incondicional de serviços. Estes são entendidos como deveres, que derivam seu valor a partir de dois níveis de prática. O primeiro nível é o da "obrigação para com o seu soberano", ou seja, como privilégio, uma figura de recompensa concedida pelo "benfeitor ao seu cliente". Ao mesmo tempo, em outro nível, é um dever direcionado à "pátria mãe",

Existe um pensamento político subalterno? 121

e, portanto, um ato de patriotismo. O efeito desta identificação entre império e pátria é o de desenvolver uma tensão dentro do conceito de Obrigação. Por um lado, enfatiza um apego filial do sujeito colonizado ao colonizador soberano e, por outro, implica num senso de pertencimento a um só país, e assim que o colonizado reconhece sua colônia como "terra mãe" – isto é, um domínio político sem mediação de um poder estrangeiro – pode acabar se afastando da subserviência, mesmo que debilmente, em direção a uma asserção de independência. Essa nova orientação é dificilmente reconhecida no início.

O legalismo não se contentou em se situar na estrutura da dominância e da subordinação, além de prover uma justificativa ideológica para a Colaboração. O motivo que inspirou os indianos a oferecerem seus serviços era a tentativa de provar sua disposição para ir para o fronte, mostrando aos colonos que eram sujeitos dignos da Rainha. Nesse aspecto, Gandhi teve um papel de destaque. Para Guha, ao enfatizar com o mesmo fôlego os direitos e os deveres dos indianos, Gandhi acabou mudando os códigos, e seguindo, quase a despeito de si mesmo, na contramão de sua própria fé ensaiada na validade legal e moral de supremacia britânica:

> A noção de dever como correlata à de direito deriva de um código que não reconhece a relação entre governantes e governados como uma entre mestres e servos – ou seja, um código através do qual todos àqueles submissos ao Estado eram iguais perante a lei. Tal código é bastante deslocado em um Estado colonial cuja legitimidade é baseada, em última análise, no direito de conquista (IBID., p. 46).

Nessa frouxa mudança, é possível ver já os sintomas de um "dilema liberal-nacionalista" que daria muito de seu tom e caráter à política indiana. O idioma da Obediência continuou a ser influente mesmo depois de uma mudança de atitude de Gandhi perante o governo britânico – como um eufemismo para tendências conservadoras da política liberal indiana. Mais importante ainda, esse idioma fez sentir sua influência até mesmo dentro da variedade de nacionalismo liberal. O anti-imperialismo da elite nunca conseguiu sair totalmente do labirinto da negociação e da pressão política para afirmar, sem equívoco, o direito do sujeito se rebelar. Por isso, o legalismo, o constitucionalismo e os muitos tons de compromisso entre a colaboração e a dissidência, foram tão característicos ao nacionalismo da elite.

Resta para a política de Colaboração, junto ao idioma inspirado por Hume, da Obediência, o seu par indiano – a tradição do Bhakti.[5] Todos os momentos colaboracionistas de subordinação no pensamento e prática indianos, ao longo do período colonial, estavam relacionados pelo Bhakti a uma massa inerte de cultura feudal que gerou um certo legalismo, depositado em todo tipo de relação de poder, séculos antes da conquista britânica. Mas este clássico idioma da política indiana não se tornou um ingrediente da Colaboração no *Raj* meramente pela força da religiosidade tradicional presente entre as massas subalternas, que não haviam estabelecido contato com a educação ocidental e a cultura liberal. Era necessário adaptar-se às exigências do governo colonial – e muitos intelectuais contribuíram neste papel. Guha chama atenção, em especial, para Bankimchandra Chattopadhyay, que baseando-se numa teoria sociológica, buscou caracterizar o Bhakti como um "princípio global de autoridade".

As contradições envolvidas nesta tentativa de combinar o conceito feudal de Bakhti com a noção burguesa de Progresso são mais instrutivas, na visão de Guha, do que sua própria inadequa-

---

5　Palavra que indica atitude de devoção a uma divindade ou qualquer outro superior. Relaciona-se ao culto devocional hindu baseado na adoração do deus Krishna.

Existe um pensamento político subalterno? 123

ção como teoria sociológica. Isso porque são medidas autênticas, além de exemplares, das dificuldades que o liberalismo indiano encontrou ao lidar com a questão da autoridade, que, por sua vez, se encontrava num processo inexorável de mudança. Essas mudanças, entretanto, não foram muito além das premissas tradicionais do Bakhti e, a despeito de sua tentativa de forjar um idioma que reconciliasse o positivismo ocidental, o igualitarismo e o humanismo com a tradição indiana, o liberalismo indiano se reverteu, ao fim, num conceito de colaboração formado primeiramente em termos de subordinação característico da cultura pré-capitalista.

Por fim, Guha destaca as relações de Resistência. Para qualquer ciclo particular da reprodução da Dominância e da Subordinação, a Resistência trabalhou junto com a Colaboração, mesmo como um momento abertamente articulado de contradição ou como marco zero de obscurecimento do seu Outro, até finalmente derrotá-lo, destruindo a subordinação e com isso a própria relação de dominância. A eliminação da Colaboração pela Resistência sinaliza o fim de uma parte da luta e o começo de outra. Este ponto nunca foi alcançado na política indiana sob governo do Raj, de modo que a Subordinação continuou a ser caracterizada, ao longo de todo o período, por seus elementos mutuamente relacionados. O que tornou possível essa relação foi que cada um dos elementos entendeu a linguagem do outro, em seus próprios idiomas, a partir de suas tradições – a britânica e a indiana.

O idioma britânico da Resistência foi chamado por Guha de Dissidência Legítima. Este idioma informou uma ampla variedade de protestos em formas até então desconhecidas pela população indiana do período pré-colonial. Alguns de seus exemplos podem ser encontrados em assembleias, marchas, lobbies, e outros grandes encontros patrocinados por organizações de massa sob lideranças eleitas em acordo aos procedimentos democráticos parlamentares. Havia uma consciência, neste idioma, dos limites legais e constitucionais impostos pelas autoridades coloniais em suas articulações; e continha-se, na maior parte do tempo, dentro destes limites, adquirindo, por isso, um aspecto pacífico que foi sistematicamente deturpado, abusado e explorado tanto pela elite nativa quanto pela estrangeira:

> deturpado pelos governantes britânicos como evidência de uma covardia "nacional" enraizada; abusado pelo alto comando do Congresso, como meio de impedir que a atividade militante popular fosse "longe demais" no movimento nacionalista, e pela liderança dos partidos de esquerda para evitar que a luta de classes se tornasse um conflito armado (como, por exemplo, por líderes comunistas ao longo das lutas em Tebhaga); explorado pelo Gandhismo em sua insistência em doutrinar a não-violência, e organizacionalmente pelo partido do Congresso para manter as massas sob controle (ibid., p.56).

Este idioma nada tinha a ver com a tradição indiana, mas foi apropriado pelo povo, a partir da noção de direitos e liberdades, negada em grande parte pelo governo, como meio de pressionar a administração colonial a cumprir os seus próprios ideais. Junto ao idioma da Dissidência Legítima, estava o par indiano de Protesto Dhármico. Traduzido em política de resistência sob o *Raj*, este idioma implicou num esforço por corrigir o que aparentava aos indianos como desvios dos ideais de governo inspirados pelo Dharma. Os valores que informavam tal resistência eram carregados de religiosidade. As noções de autoridade e obrigação, de certo e errado, implicadas neste idioma, se referiam às tradições do passado pré-colonial que os governantes jamais conseguiram explorar totalmente, eram aspectos primordiais de comunidade e religião que jamais entenderam ou simpatizaram. A volatilidade de tal re-

Existe um pensamento político subalterno? 125

sistência era tal que nenhuma fórmula liberal-hindu ou liberal-nacionalista jamais conseguiu compreender ou lidar.

Os paradoxos do poder, portanto, se estabeleceram nas relações de dominância e subordinação a partir dos idiomas britânicos da Ordem, do Progresso, da Obediência e da Dissidência Legítima, e dos idiomas indianos Danda, Dharma, Bhakti e Protesto Dharmico. Os idiomas derivaram de dois diferentes paradigmas da cultura política – um contemporâneo, liberal e britânico, e o outro, pré-colonial, pré-capitalista e indiano. Guha alerta que se deve ser extremamente cuidadoso para evitar implicações mecanicistas destas "metáforas". Para ele, só é possível evitá-las enfatizando que a interação dos derivativos de dominância e subordinação no período colonial não foram, de forma alguma, um caso de "simples agregação", mas, ao contrário, tais derivativos funcionaram como "reagentes", moldando cada um dos elementos constitutivos em uma nova combinação, uma nova entidade.

As relações de dominância e subordinação se tornaram específicas e adequadas ao colonialismo através de um conjunto de efeitos sobredeterminados, que se constituíram por um "duplo-sentido" – foram ao mesmo tempo parte de um "conflito morto há muito tempo" e de um "conflito presente" – no qual as contradições sociais da Índia pré-colonial e da Inglaterra moderna se fundiram com as contradições vivas do governo colonial. É nesse sentido que a originalidade da política indiana se deu, baseada em diversos paradoxos que permearam todo o espectro das relações de poder. O mais importante para o argumento de Guha é a coexistência destes dois paradigmas como determinantes da cultura política – pois são eles que demonstram o desvio histórico definidor do caráter próprio do colonialismo. A questão de fundo é a seguinte: "porque a cultura capitalista mais avançada e dinâmica do mundo até então, falhou, no contexto indiano, na combinação de força e plenitude de seu domínio político na assimilação, senão abolição, da cultura pré-capitalista do povo subalterno?" (IBID., p.63).

A resposta para esta pergunta é a de que "o colonialismo poderia apenas continuar como uma relação de poder no subcontinente na condição de que a burguesia falhasse em seu projeto universalista" (IBID., p.63). A natureza do Estado "criado pela espada" fez disso uma necessidade histórica. O Estado colonial na Índia não se originou da atividade da sociedade indiana e, como absoluta externalidade, foi estruturado como um despotismo, sem mediações e espaços para transações entre os governantes e os governados. Como um anacronismo, a inserção da potência mais dinâmica do mundo nas relações de poder de um mundo que ainda vivia no passado, fez com que a "ferramenta inconsciente da história" não alcançasse seu objetivo.

A primazia da Coerção na composição orgânica da Dominância fez da Ordem um idioma mais decisivo que o do Progresso e a estratégia da Persuasão derrotada. Isto demonstra, para Guha (ibid., p.67), que a cultura burguesa encontrou no colonialismo "um limite insuperável" e que nenhuma de suas nobres realizações – tais quais a democracia e a liberdade – puderam sobreviver ao ímpeto do capitalismo em expandir e se reproduzir por meios da política de extraterritorialidade e dominância colonial. Sob condições de dominância sem hegemonia, a vida da sociedade civil jamais pode ser absorvida pela atividade do Estado. Disso resulta que a política pré-capitalista seja usualmente caracterizada pela coexistência de diversas culturas, dentre as quais a do grupo dominante é apenas uma delas, mesmo que seja a mais forte. Há, no entanto, a "fabricação de uma hegemonia espúria", através da produção intelectual burguesa, na qual a historiografia teve um papel de destaque. A historiografia inaugurada com a conquista britânica assumiu um caráter "mercantilista", enfatizando o elemento coerci-

Existe um pensamento político subalterno? 127

tivo da dominância. A fase que subsegue, intitulada "colonialista", está de acordo, por sua vez, com a "Era do Progresso" e apresenta como pioneiro James Mill e sua obra História da Índia Britânica, publicada em 1818, que lhe conferiu notoriedade como o "primeiro historiador da Índia". A obra de Mill é reveladora do preconceito dominante no século XIX, cuja forma mais sofisticada se encontra em seu contemporâneo alemão, Hegel, para o qual a "história real" dependia da existência do Estado.

A primeira fase da historiografia foi a do conquistador, enquanto a segunda a do legislador. O Estado, nesta última narrativa, deveria governar não pela "espada", mas pela "civilização" – não pela força, mas pelo consenso. No entanto, como insiste Guha em seu argumento, "a cultura liberal dificilmente conseguiu penetrar além da alta-sociedade indiana, enquanto o ideal de governo liberal persistiu somente como um jargão inútil e vazio" (ibid., p.80). Guha considera esta historiografia de "má-fé", pois apresenta uma "visão parcial da história" ao mesmo tempo em que ignora a urgência de uma reforma em ampla área da sociedade indiana onde muitos movimentos autônomos dos subalternos, sem influência ocidental, foram lançados contra a dominância de casta, classe, etnia e gênero. Este tipo de historiografia se estende à era pós-colonial, e é representada pelos intelectuais da Universidade de Cambridge, que reduziram suas análises da história indiana à sua história administrativa.

O sujeito dessa historiografia "neocolonialista" é o governo imperial e os colonizados não possuem vontade própria, se inserindo apenas numa estrutura feita para eles e montada pelos dominantes. Nessa argumentação, o papel designado aos subalternos é o de colaboradores, negando, assim, todos os momentos de resistência na história política da Índia sob domínio britânico. É contra esta historiografia que Guha propôs entender a história da Índia sob o *Raj*, como uma "dominância sem hegemonia", contra as concepções liberais predominantes deste campo e sua "cegueira" em relação à "a estrutura do regime colonial". Esta crítica seria a condição e ponto de partida para qualquer crítica da historiografia indiana própria. Desta forma, notamos, dentro do panorama geral elaborado por Guha, as principais implicações do projeto subalternista de 1982.

Entendemos que há na argumentação de Guha um esforço em elaborar um amplo esquema que desse conta de entender, de modo mais rigoroso que a perspectiva liberal, o estabelecimento do capitalismo na Índia, salientando o que em termos gramscianos foram os "períodos de crise hegemônica" de suas classes dirigentes. Isso porque é fato que a classe dirigente estabeleceu uma hegemonia na Índia, mas não o fez sem enfrentar períodos de crise. Para Gramsci, essas ocasiões de crise orgânica criam situações perigosas, porque os diversos estratos da população não possuem a mesma capacidade de orientar-se e de reorganizar-se com o mesmo ritmo que as classes dominantes:

> A classe tradicional dirigente, que tem um numeroso pessoal adestrado, muda homens e programas e reabsorve o controle que lhe andava escapando com uma velocidade maior do que acontece nas classes subalternas; faz maiores sacrifícios, se expõe a um futuro obscuro com promessas demagógicas, mas mantém o poder, o reforça no momento e se serve dele para o esmagamento do adversário e dispensa o pessoal de direção, que não pode ser muito numeroso e muito adestrado. A passagem das tropas de muitos partidos sob uma bandeira de um partido único que melhor representa e resume as necessidades da classe inteira é um fenômeno orgânico e normal, ainda que o seu ritmo seja rapidíssimo e quase como relâmpago em confronto de tempos tranquilos: representa a fusão de um inteiro grupo

> social sob uma única direção considerada sozinha capaz
> de resolver um problema dominante existencial e protelar
> um perigo mortal (Q.13, §23, p.1604).

Tendo em vista essa capacidade de reestabelecimento da Ordem, como Guha mesmo demonstra em sua rica argumentação, na capacidade de relação existente entre os diversos idiomas políticos na Índia, nos perguntamos: há, de fato, uma derrota do projeto universalista do Capital? Para Guha, uma vez que a burguesia, no meio colonial indiano, não alcança a hegemonia – definida em termos de um governo baseado prioritariamente no consenso – a resposta é positiva. Mas como ele mesmo argumentou, o fracasso era uma condição histórica para o estabelecimento de seu domínio – resolver este problema, buscando uma outra condução das elites, equivaleria a pedir que as beneficiárias desta relação de dominação acabassem com ela.

Seguindo a argumentação de Schwarz, em seu ensaio Nacional por subtração, o argumento, nesse sentido, pode ocultar o essencial, pois concentra a crítica na relação entre elite e modelo – europeu – quando o ponto decisivo está na segregação dos pobres, excluídos do universo da cultura contemporânea – como bem demonstrado por Guha, muito embora haja um descompasso de ênfase em sua argumentação. A solução, para Schwarz, não estaria na auto-reforma da classe dominante – fenômeno orgânico normal – mas no acesso dos trabalhadores aos termos da atualidade, para que os possam retomar segundo o seu interesse, o que – neste campo – valeria como definição de democracia (SCHWARZ, 1987, p.47).

De fato, como destaca Chibber, há no Capital uma tendência universalista, não em uma ordem normativa, mas na subordinação dos agentes econômicos às pressões competitivas do mercado, isto é, o capitalismo universaliza a dependência ao mercado:

> este processo é perfeitamente consistente com o fenômeno que teóricos subalternistas reivindicam como sendo específicos ao mundo colonial, mas julgam inconsistentes com a tendência universalista do Capital – a persistência de um domínio subalterno, distinto daqueles das elites e impregnado com hierarquias sociais, relações de poder tradicionais e idiomas políticos (CHIBBER, 2013, p.100).

Para Chibber, a revolução burguesa na Índia não divergia das revoluções clássicas europeias. Aqui, temos de convir que há uma diferença de grau importante, em termos ideológicos, destacada na argumentação de Guha. As ideias da burguesia cumpriram uma função de ideologia na Europa, isto é, descreveram pelo menos em aparência sua realidade social e política. Já em contextos coloniais e pós-coloniais, estas mesmas ideias permanecem, mas como ideologia "medíocre", como coloca Guha, ou de "segundo-grau", nos termos de Schwarz, não descrevendo sequer a aparência. Isso não significou, entretanto, a derrota do Capital, mas antes, explicitou suas contradições inerentes ao ser combinado com idiomas políticos específicos do contexto indiano. Nesse sentido, concordando com Chibber, não há nada na argumentação de Guha que comprove que a tendência universalista do Capital tenha "falhado" no subcontinente, tomando como modelo a experiência europeia, mas antes criou uma relação original – e esta sim, avançamos na compreensão a partir da argumentação de Guha.

II

Subalterno como Diferença

Foucault e a Virada Pós-Estruturalista

A história "efetiva" se distingue daquela dos historiadores pelo fato de que ela não se apoia em nenhuma constância: nada no homem – nem mesmo seu corpo – é bastante fixo para compreender outros homens e se reconhecer neles. Tudo em que o homem se apoia para se voltar em direção à história e apreendê-la em sua totalidade, tudo o que permite retraçá-la como um movimento contínuo: trata-se de destruir sistematicamente tudo isto. É preciso despedaçar o que permitia o jogo consolante dos reconhecimentos.

> *Saber, mesmo na ordem histórica, não significa "reencontrar" e sobretudo não significa "reencontrar-nos". A história será "efetiva" na medida em que ela reintroduzir o descontínuo em nosso próprio ser.*
>
> Michel Foucault
>
> 2010, p. 27

Mudanças ocorreram dentro e fora dos *Subaltern Studies* desde o início do grupo em 1982. Em que medida essas mudanças decorrem de transformações externas é uma questão difícil de responder, uma vez que "sujeitos" subalternos foram reivindicados e reinventados constantemente. No início, o coletivo indiano participou principalmente de debates em torno do nacionalismo e revoltas populares, com destaque aos movimentos camponeses, como apresentamos na Parte I. As dimensões cada vez mais abrangentes dos *Subaltern Studies*, entretanto, levaram a um questionamento em torno da direção do coletivo indiano num contexto de economia capitalista globalizada. Nesse processo, foi aberta uma nova série de "possíveis futuros". As exigências da política contemporânea, como vistas nas questões de casta, gênero e secularismo, tiveram um papel central na definição destas novas agendas (CHATUVERDI, 2000, p.XIII). Outro elemento para essa mudança de perspectiva foi a tentativa de construção de uma teoria crítica da subalternidade que fosse além do contexto da Índia colonial e do movimento nacionalista, em consonância com uma nova conformação da "esquerda" em termos globais.

Guha se afasta do time editorial dos *Subaltern Studies* em 1988. É nesse mesmo ano que é publicada a antologia intitulada *Selected Subaltern Studies* lançando o projeto do grupo em sua carreira internacional. O volume é prefaciado por Edward Said e tem o ensaio de Spivak, "Deconstructing Historiography", como introdução. O protagonismo de Said e Spivak junto ao afastamento de Guha indicam a nova orientação do projeto subalternista, que agora busca lidar com as críticas ao caminho percorrido até então, a partir do pós-estruturalismo de Foucault, e a crítica às epistemologias iluministas de Derrida. Os *Subaltern Studies* passam a significar não só bons *insights* sobre a história indiana, mas se tornam também uma ponte para formulações críticas do passado e das tradições intelectuais do Ocidente. Os intelectuais subalternistas tornaram-se, aos poucos, uma linha auxiliar do amplo campo contemporâneo de estudos de discurso e textualidade.

Ao longo dos anos 1980, em virtude desta tensão política e teórica latente, toma lugar um movimento de ruptura desde estudos centrados em revoluções e "lutas de classes" em direção a análises de resistências pontuais em relação ao poder das "elites e dos Estados" (LUDDEN, 2002). De acordo com Spivak (1988), os *Subaltern Studies* ganham força neste contexto ao localizar a figura do "subalterno" como o agente desta mudança. Tendo como questão central a possibilidade de escrever uma história que não é somente da "periferia" da Europa em sua rejeição de historiografias neocolonialistas, neonacionalistas e marxistas economicistas, mas dos "despossuídos da periferia", os *Subaltern Studies* colocam em foco "formas particulares de subjetividade, experiência e agência" (O'HANLON, 2000a, p.73). Com isso, instauraram uma crise em meio à historiografia hegemônica, ao mesmo tempo em que abriram velhos debates sobre espontaneidade e consciência, estrutura e história. Para Spivak, o trabalho subalternista, se visto dessa forma, "torna possível compreender o conceito-metáfora do 'texto social' não como uma redução da vida real à página de um livro" (SPIVAK, 1988, p.5).

Spivak analisa a busca da subalternidade como uma questão estratégica importante para a crítica contemporânea, porém, concomitantemente, questiona sua efetividade teórica e política, por ser, supostamente, essencialista. Desta posição dúbia, Spivak (1988) se vê constrangida a defender a subalternidade enquanto *difference*, com vestígios cada vez mais sutis de resistência, geralmente de caráter literário, que dificilmente poderiam ser acusados de essencialismo. A força crítica do "trazer-à-crise", como um efeito político e teórico resultado desta virada pós--estruturalista e desconstrutivista que ataca a "fé iluminista" no "sujeito racional humano" e na "efetiva agência humana", se situa na energia produzida com o questionamento do humanismo no setor pós-Nietzsche do estruturalismo europeu (SPIVAK, 1988; O'HANLON, 2000a).

O pós-estruturalismo é o nome dado a este movimento na filosofia que começou na década de 1960. O movimento é melhor definido por meio dos pensadores que o compõe, dos quais destaco Jacques Derrida, Gilles Deleuze e Michel Foucault. Segundo explica James Williams (2012, p.14-15), o pós-estruturalismo projeta o de maneira radical limite sobre o interior do conhecimento e sobre a compreensão estabelecida da verdade e do bem– "o limite não é comparado com o centro, nem equiparado a ele, nem lhe é dado algum tipo de papel moderador, no sentido, por exemplo, da maioria opondo-se à escuta de minorias. Antes, a alegação é de que o limite é o cerne" (IBID., p.15). Isso significa que qualquer forma estabelecida de conhecimento ou bem moral é feita por seus limites e não pode ser definida independentemente deles. Significa também que qualquer exclusão desses limites é impossível. Os limites são a verdade do cerne e quaisquer verdades que neguem isto são ilusórias ou falsas. O pós-estruturalismo seria como uma total ruptura do senso seguro do significado e referência na linguagem, do entendimento, dos sentidos e das artes, da identidade, do senso de história e do papel dela no presente:

Existe um pensamento político subalterno? 137

Um aspecto do pós-estruturalismo é seu poder de resistir e trabalhar contra verdades e oposições estabelecidas. Ele pode ajudar em lutas contra a discriminação em termos de sexo ou gênero, contra inclusões e exclusões com base em raça, experiências prévias, *background*, classe ou riqueza. Ele alerta contra a violência, às vezes ostensiva, às vezes oculta, de valores estabelecidos como uma moral estabelecida, um cânone artístico ou uma estrutura legal fixada. Cumpre notar que isso não significa que ele os negue; antes, ele trabalha dentro deles pelo melhor (IBID., p.17).

Uma das primeiras tentativas de repensar esta crescente aproximação dos subalternistas ao viés pós-estruturalista veio do historiador Dipesh Chakrabarty, cujos ensaios mais importantes foram registrados em *Provincializing Europe* (2000b). No caso de Chakrabarty e dos demais intelectuais junto aos *Subaltern Studies*, essa virada se dá principalmente a partir da entrada de Michel Foucault como marco teórico e da adoção de sua crítica do sujeito soberano como autor e sujeito da autoridade, da legitimidade e do poder. Esse engajamento com as ideias pós-estruturalistas se dá a partir da premissa de que:

Não há nada como a "astúcia da razão" que garanta que todos convergem a um mesmo ponto final na história, a despeito de nossas diferenças aparentes e históricas. Nossas diferenças históricas de fato fazem diferença. Isso ocorre porque nenhuma sociedade humana é uma tábula rasa. Os conceitos universais da modernidade encontram conceitos, categorias, instituições, e práticas pré-existentes através dos quais foram traduzidas e configuradas diferentemente (CHAKRABARTY, 2000b, p. xxii).

As "ideias universais" que pensadores europeus produziram no período da Renascença ao Iluminismo – e que desde então influenciaram projetos de modernidade e modernização em todo o mundo – jamais poderiam ser completamente universais e conceitos puros. Isso porque as próprias linguagens e as circunstâncias da formulação foram importadas à um contexto de histórias pré-existentes que eram singulares e únicas. Tal qual Guha se questionou, como exploramos no capítulo anterior, Chakrabarty indagava se "o pensamento pode transcender seu lugar de origem" ou ainda se "os lugares deixam suas marcas no pensamento de tal modo a colocar em questão a ideia de categorias puramente abstratas" (ibid., p.xiii). Provincializar a Europa era, precisamente, descobrir em qual sentido as ideias europeias vistas como universais, eram também, ao mesmo tempo, elaboradas a partir de tradições históricas e intelectuais particulares que não poderiam reivindicar validade universal. Tratava-se, mais uma vez, de pensar como as ideias se relacionam com o lugar.

No caso dos *Subaltern Studies*, vale a pena voltarmos a atenção para como é desenvolvido o pós-estruturalismo de Foucault, através de uma série de estudos históricos, tendo em vista sua presença marcante no grupo. Sua obra é notável pela tentativa de mudar o modo como a história é escrita. Mais um filósofo--historiador do que simplesmente um ou outro, Foucault oferece novos modos de pensar a relação com o passado a partir de métodos complexos e poderosos para escrever a história. Sua obra pode ser vista como uma "ruptura revolucionária" com o que veio antes, não só em termos da história, mas em termos de filosofias do tempo e do condicionamento do social. Em suma, é Foucault quem provê uma nova forma de crítica histórica em meio ao pós--estruturalismo – daí seu papel central na segunda fase dos *Subaltern Studies*.

Foucault é entendido como um anti-humanista, pois se recusa a colocar o "homem" como centro de sua análise. Consequência disso, não há "fora" do sistema na busca por um "homem transcendental". A noção foucaultiana de sujeito, por sua vez, é composta tanto pela agência quanto pela sujeição e a ação é possibilitada pelo processo de tornar-se sujeito enquanto se disciplina. Contra o humanismo fundacional, Foucault defende uma história em que o humano e a liberdade humana são partes de genealogias emergentes e não independentes destas. Nesse sentido, esperança e ação estão baseadas em estruturas complexas, e não fundadas externamente na transcendência do sujeito livre. Como muitos pós-estruturalistas, sua obra se põe entre o determinismo e a liberdade.

Para o pensador francês, não existe uma separação rígida entre os que têm poder e os que se encontram dele aleijados – rigorosamente falando, poder não existe, o que existe são as práticas ou relações de poder. Desta forma, poder é algo que se exerce, que se efetua, que funciona como uma máquina social que não está situada em um lugar privilegiado ou exclusivo, mas se dissemina por toda a estrutura social (cf. MACHADO, 2010). O poder está nas estruturas, na capacidade de determinar identidades e atos, valores e normas. É a rede de determinações históricas nas quais temos de lutar, mas das quais não podemos escapar, ao menos não completamente (WILLIAMS, 2012, p.159). Nesse sentido, o poder é produtivo – onde está a agência? Em Foucault, a questão da sujeição marca a agência, não há nenhum agente que diz não ao poder, na medida em que se está intimamente envolvido com ele, não há "agente puro".

Ao enfatizar o condicionamento histórico, a contingência e a abertura, Foucault elabora uma crítica a um certo marxismo, insurgindo contra a ideia de que o Estado seria o órgão central e único do poder, e ao liberalismo, por não acreditar em livres sujeitos humanos. Há também uma problematização do tema da ideologia e da repressão, temas caros a esse debate, a partir do que Foucault chama de genealogia, ou seja: "uma forma de história que dê conta da constituição dos saberes, dos discursos, dos domínios de objeto, etc., sem ter que se referir a um sujeito, seja ele transcendente com relação ao campo de acontecimentos, seja perseguindo sua identidade vazia ao longo da história" (FOUCAULT, 2010, p.7).

Nesse sentido, o autor considera a noção de ideologia "dificilmente utilizável" por três razões principais. A primeira é que ela está sempre em oposição virtual a alguma coisa que seria a "verdade", quando o que importa é ver historicamente como se produzem efeitos de verdade no interior de discursos que não são em si "nem verdadeiros, nem falsos". O segundo motivo é que a noção refere-se necessariamente a alguma coisa como o sujeito. Por fim, o fato de estar em posição secundária com relação a alguma coisa que deve funcionar para ela como infraestrutura ou determinação econômica, material, etc. A noção de repressão, por sua vez, quando utilizada para definir os efeitos do poder, levaria a uma concepção "puramente jurídica" deste mesmo poder em que "identifica-se o poder a uma lei que diz não". Ao contrário, segundo Foucault, "deve-se considerá-lo como uma rede produtiva que atravessa todo o corpo social muito mais do que uma instância negativa que tem por função reprimir" (IBID., p.10).

O pensador se afasta, então, de uma análise centrada nos termos da ideologia e da repressão e passa a destacar o corpo como a expressão e o sustentáculo das forças do poder e do saber. Em entrevista à *Quel Corps?*, em 1975, Foucault afirmava ser preciso afastar uma tese muito difundida, segundo a qual o poder nas

Existe um pensamento político subalterno? 141

sociedades burguesas e capitalistas teria negado a realidade do corpo em proveito da alma, consciência e idealidade. Defendia, em oposição, que "nada é mais material, nada é mais físico, mais corporal que o exercício do poder" e questionava:

> Antes de colocar a questão da ideologia, não seria mais materialista estudar a questão do corpo, dos efeitos do poder sobre ele. Pois o que me incomoda nestas análises que privilegiam a ideologia é que sempre se supõe um sujeito humano, cujo modelo foi fornecido pela filosofia clássica, que seria dotado de uma consciência de que o poder viria se apoderar (IBID., p.148).

Ao longo das aulas ministradas no *Collége de France* em 1976, foram publicadas as obras *Vigiar e Punir* (1975) e *A vontade de saber* (1976). É possível, portanto, pensar no tema do poder e seus mecanismos de intervenção como as principais preocupações do pensador francês nesse contexto. Há também uma crítica aos saberes ditos "científicos", um ponto importante de sua argumentação, em que define os principais aspectos da genealogia como acoplamento dos conhecimentos eruditos e das memórias locais. Isto é, através do "caráter essencialmente local da crítica" e das "reviravoltas do saber", a atividade genealógica deveria atuar contra os efeitos do discurso científico.

Sua pesquisa histórica localizou uma ruptura no discurso da soberania e a emergência de uma "microfísica do poder" no final do século XVII e início do XVIII na França e na Inglaterra. Como argumenta, o modelo da soberania – melhor traduzido, em sua opinião, na obra de Thomas Hobbes – não dá conta dos problemas da modernidade, na medida em que sua elaboração se fez essencialmente em torno do poder régio. Para Foucault, esse poder foi articulado nos "grandes edifícios do pensamento e do saber jurídicos" para apontar em que armadura jurídica o poder real se investiu. Isto é, tinha como objetivo indicar o monarca como efetivamente o corpo vivo da soberania, bem como mostrar os limites desse poder soberano para que conservasse sua legitimidade.

Continuar a assumir, como realizado pelo pensador contratualista inglês do século XVII, o problema da soberania como o problema central do direito nas modernas sociedades ocidentais significava, para Foucault, entender que o discurso e a técnica do direito tiveram como função essencialmente "dissolver, no interior do poder, o fato da dominação, para fazer que aparecessem no lugar dessa dominação, que se queria reduzir ou mascarar, duas coisas: de um lado, os direitos legítimos da soberania, do outro, a obrigação legal da obediência" (IBID., p.24). O que o autor propõe é o inverso deste modelo – *valer a dominação como um fato* e, através das relações de dominação, alcançar uma análise do poder. No lugar da "soberania e da obediência", o problema da "dominação e da sujeição", ou seja, exatamente o contrário do que Hobbes tinha pretendido fazer no Leviatã:

> (...) o Leviatã, enquanto homem fabricado, não é mais do que a coagulação de um certo número de individualidades separadas, que se encontram reunidas por certo número de elementos constitutivos do Estado. Mas, no coração, ou melhor, na cabeça do Estado, existe alguma coisa que o constitui como tal, e essa alguma coisa é a soberania, da qual Hobbes diz que é precisamente a alma do Leviatã. Pois bem, em vez de formular esse problema da alma central, eu acho que conviria tentar (...) estudar os corpos periféricos e múltiplos, esses corpos constituídos, pelos efeitos do poder, como súditos (IBID., p.26).

A precaução fundamental é a de que não se deve fazer uma dedução do poder que partiria do centro para depois ver até onde ele se prolonga por baixo, em que medida se reproduz e se reconduz até os elementos mais atomísticos da sociedade. Ao contrário, a partir de uma análise ascendente do poder, se deveria partir dos mecanismos infinitesimais, os quais têm sua própria história, trajeto, técnica e tática, e depois ver como esses mecanismos de poder foram e ainda são investidos, colonizados, utilizados, inflectidos, transformados, deslocados, estendidos, etc., por mecanismos cada vez mais gerais e por formas de dominação global.

Questiona-se, então, como realizar uma análise concreta da multiplicidade das relações de poder? Está claro que o modelo jurídico da soberania, do qual Hobbes é principal expoente, não constitui um modelo adequado segundo a visão foucaultiana. No lugar da tríplice preliminar estabelecida pela teoria da soberania – do sujeito, da unidade e da lei – o projeto de Foucault é o de mostrar que "em vez de os poderes derivarem da soberania, se trataria muito mais de extrair, histórica e empiricamente, das relações de poder, os operadores de dominação" (IBID., p.38). É nesse sentido que as pesquisas subalternistas do final dos anos 1980 começam a tomar uma nova forma.

Os intelectuais indianos recorreram a uma eclética fonte teórica que compreendeu de modo geral Marx, Gramsci e Foucault como principais referências.[1] Esta tentativa de unir Foucault para ressaltar a técnica e a genealogia e Gramsci para destacar a consciência e agência subalterna revela uma tensão inerente (cf. MALLON, 1994). Um caminho leva em direção a um maior foco nas análises textuais e na relatividade de todo saber, enquanto outra leva a direção de estudo da consciência e ação subalterna, a

---

1 No caso da obra de Spivak, é importante acrescentar Jacques Derrida a estes pensadores.

fim de encaminhar a luta por uma sociedade socialista (Hardiman, 1986, p. 290).

Este ecletismo de fontes teórico-políticas provenientes da "metrópole" é uma característica, na opinião de Spivak, do intelectual "pós-colonial" em cuja atividade devemos ver "a repetição e ao mesmo tempo a ruptura do predicamento colonial" (SPIVAK, 1988, p.10). Este movimento se dá no momento de reconhecimento internacional dos *Subaltern Studies* – entendidos como um projeto de resistência a discursos nacionalistas e hegemônicos, a partir de histórias do "subalterno" – o que, não surpreendentemente, coincide com a emergência do pós-estruturalismo e da "crítica do humanismo" nos Estados Unidos. Há, evidentemente, uma intersecção de um movimento mais geral do pensamento político – principalmente das correntes intelectuais que conformaram a "nova esquerda" – e as investigações subalternistas.

Gyan Prakash (2000a, p.180) defende que o projeto dos *Subaltern Studies* se diferencia neste contexto porque ao mesmo tempo em que resgata o subalterno da vontade da elite colonial ou nacionalista, reivindica também a sua *consciência*. Esta tensão, entretanto, vai se dissolvendo ao longo do tempo e o projeto subalternista se torna cada vez mais uma resistência aos discursos hegemônicos nacionalistas e colonialistas, através de *histórias do subalterno cuja identidade reside na diferença*. A partir de então, a reflexão em torno do poder apresentou diferentes tons, colocando velhas questões em novas roupagens na agenda metodológica e política da época. A separação entre o saber e o poder, assim como a ideia do poder visto como unidade se tornou mais difícil. A produção do senso--comum, nesse sentido, não residiria em uma instituição, ao passo que o poder estaria presente em todos os aspectos da vida cotidiana. É ao redor destas questões que podemos observar a presença do pós-estruturalismo de Foucault enquanto aporte teórico e metodológico para os intelectuais indianos.

Existe um pensamento político subalterno? 145

Genealogia e Colonialismo

Por que Foucault se torna importante para os estudos de colonialismo? O filósofo francês não se engaja diretamente com o tema, mas o seu pensamento é altamente influente neste campo de conhecimento, ao passo que ajuda a pensar os mecanismos pelos quais o poder é construído e disseminado. Foucault escreve sobre as formas nas quais o conhecimento é moldado pela produção do discurso, e este, por sua vez, sustenta as estruturas de poder de uma dada sociedade. Em *Arqueologia do Saber* (2005), o filósofo-historiador formula uma nova perspectiva para a história que se baseia não na continuidade, na tradição, na influência direta, no desenvolvimento ou no espírito subjacente, mas na identificação de rupturas e descontinuidades dentro e entre discursos na história.

A história de Foucault está preocupada com padrões de identidade em torno de diferenças ou pontos de inflexão e mudança. Ele busca não o que continua ao longo da história, mas o que se desenvolve e se torna outro. Esta transformação é mapeada e explicada observando-se as similaridades em torno de pontos de mudança, juntando o que não era juntado antes (WILLIAMS, 2012, p.173). Uma vez que não faz uma distinção entre discurso e aplicação, Foucault resolutamente se afasta de uma noção de unidade; seu pensamento é sempre fragmentado, variável, há uma permanente dinâmica em seus escritos sobre poder. Nesse sentido, se torna difícil pensar em uma organização de resistência – aqui, não há como pensar em partido político, assim como na ideia de um tipo de resistência que só poderia tomar uma forma. Assim, as ideias de Foucault se tornam úteis para o propósito de codificação de projetos dentro do colonialismo, de modo a entender de perto como as identidades foram fixadas.

Como Partha Chatterjee (1988, p.389) coloca, Foucault havia chamado a atenção para "a forma capilar de existência" do poder, "o ponto onde o poder atingiu o próprio grão dos indivíduos, tocou seus corpos e se inseriu em suas ações e atitudes, em seus discursos, processos de aprendizagem e na vida cotidiana". O século XVIII teria inventado, assim, seguindo o argumento foucaultiano, um "regime sináptico de poder", um regime de exercício do poder por dentro do corpo social, e não por cima deste. Essa mudança mais ou menos coerente nos modos de exercício de poder em pequena escala foi possível apenas com uma mudança estrutural. Foi a instituição dessa nova forma de poder, local, capilar, que impele a sociedade de eliminar certos elementos tais quais a corte e o rei. De acordo com Chatterjee,

> Foucault buscou demonstrar as complexidades desse novo regime de poder em seus estudos da história da doença mental, da prática clínica, da prisão, da sexualidade e do nascimento das ciências humanas. Quando se olha para os regimes de poder nos países chamados atrasados hoje, não somente a dominância de modos caracteristicamente "modernos" de poder parecem limitados e qualificados pela persistência de antigos modos, mas pelo fato de sua combinação em uma formação de Estado particular, que parece abrir ao mesmo tempo um novo ramo inteiro de possibilidades para as classes dominantes exercerem a sua dominação (CHATTERJEE, 1988, p.389-390).

Com um estudo sobre os conflitos entre hindus e muçulmanos em Bengali, em *More on Modes of Power and the Peasantry* Chatterjee propõe novas formas de entender o processo histórico de transição, buscando ligar a teoria social marxista com as noções de poder foucaultianas para defender a noção de "comunidade" como princípio primário de organização da mobilização política (cf.

Existe um pensamento político subalterno? 147

CHATUVERDI, 2007). Segundo o autor, de 1925 até a divisão da Índia em 1947, o principal fator da política em Bengali havia sido o "antagonismo comunalista", marcado por uma série de conflitos de inédita difusão e intensidade. As explicações deste fenômeno são diferenciadas em dois tipos. A primeira, "colonialista", sugere que identidades e clivagens "comunalistas" são inerentes ao caráter essencial da sociedade indiana. A segunda, "nacionalista", afirma que a divisão comunalista na Índia é criação das práticas coloniais. Há também uma variação de esquerda desta última explicação, que argumenta que as divisões reais da sociedade indiana são as de classe e não as de comunidade. Consequentemente, tanto o governo colonial quanto a ideologia comunalista e seus líderes teriam tentado mascarar questões reais de classe para enfatizar as divisões de comunidade (CHATTERJEE, 1988, p.352). Chatterjee acredita que todas essas explicações confundem a visão do fenômeno, que pertence propriamente a duas áreas completamente separadas de crenças e ações políticas:

> Em todas as sociedades pré-capitalistas em processo de transição para formas de organização do Estado moderno, a "política" só pode ser entendida em termos de interação destes dois domínios contrários. No primeiro, no qual crenças e ações são guiadas pela consciência popular, categorias tais quais "comunalismo" são inteiramente inapropriadas. O que pode ser propriamente chamado "comunidade" é de fato central para essa consciência, mas esta consiste em aspectos contraditórios e ambíguos. O outro domínio, formado pela política representativa do Estado moderno, é onde novos modos de formação de classe emergem e se consolidam. É a intersecção desses dois domínios que se torna o principal ponto de investigação do processo transicional (IBID., p.352).

A partir deste cenário, Chatterjee busca refletir sobre conceptualizações básicas do problema geral da política e do Estado em sociedades agrárias amplas. Ao se afastar de análises deterministas com foco em termos técnicos e econômicos, o autor investiga os modos de poder, como por exemplo a forma na qual direitos individuais ou seccionais, bem como deveres e encargos, são alocados na autoridade de todo grupo social, a comunidade. Para isso, promove uma tipologia de três modos de poder – comunal, feudal e burguês – que busca explicar a "evolução diferencial" das relações sociais no "campo" indiano. O autor sugere que todos os três modos de poder poderiam ter coexistido dentro de uma forma determinada de Estado na Índia colonial. Ou seja, como um resultado direto das políticas coloniais britânicas, que impactaram diferentes partes da economia agrária.

Chatterjee está interessado em examinar as relações de classe e conflitos dentro de cada modo de poder como forma de demonstrar que mesmo dentro da Índia havia indeterminação na transição para o capitalismo. Assim, era necessário se afastar de uma perspectiva estritamente marxista de análise de classes ao argumentar que "comunidade" era um princípio organizativo para a ação coletiva em cada modo de poder. Chatterjee (1988) apontou que a indeterminação presente no processo de transição do desenvolvimento capitalista significou que não era apenas plausível, mas também provável, que as características de um ou mais modos de poder coexistissem. O teórico indiano argumentou que essas circunstâncias não apenas propiciaram às classes dominantes a oportunidade de exercer sua dominação dentro do modo capitalista na forma descrita por Foucault, mas também contaram com a persistência de antigos modos de poder. A obra de Chatterjee sugere que um entendimento dos modos de poder na Índia ajudou a explicar não só como as elites dominaram, mas

Existe um pensamento político subalterno? 149

também como forneceram um complexo conhecimento sobre as diversas formas com as quais as classes subalternas contribuíram na desmontagem dos modos de poder, destacando a complexidade da questão da transição dentro da Índia colonial. Com este estudo, Chatterjee foi provavelmente o primeiro subalternista a se engajar com os escritos de Michel Foucault como forma de entender o modo de poder capitalista dentro do contexto indiano (CHATUVERDI, 2007, p.13).

Chakrabarty também se vale dos escritos pós-estruturalistas de Foucault, entendidos como um importante estímulo para críticas do "historicismo". Para o subalternista, este teria sido o responsável por fazer a modernidade ou o capitalismo parecer não simplesmente global, mas como algo que se tornou global ao longo do tempo, originário de um lugar – Europa – e depois propagado fora dele. Essa estrutura do tempo histórico de "primeiro na Europa e depois em outro lugar" foi, em sua visão, historicista:

> Foi o historicismo que permitiu a Marx dizer que um "país mais avançado industrialmente apenas mostra, aos menos desenvolvidos, a imagem de seu futuro" (...) O historicismo, assim, postulou tempo histórico como medida de distância cultural (ao menos em desenvolvimento institucional) existente entre o Ocidente e o Oriente. Nas colônias, legitimou a ideia de civilização (CHAKRABARTY, 2000b, p.7).

Dessa forma, o colonialismo teria garantido, segundo Chakrabarty (2000b, p.148), uma "Europa da mente" – "a Europa do liberalismo e do marxismo". O dever do historiador da modernidade colonial, nesse sentido, seria o de dar nova energia à palavra "nascimento" – da modernidade – com todo o potencial que a restauração do pensamento de Nietzsche por Foucault trouxe. Entender este nascimento como "genealogia" e não como um ponto de clara ruptura de origem é, para Chakrabarty, abrir a questão da relação entre diversidade de práticas ou mundos da vida e universalização das filosofias políticas, que permaneceram como herança do Iluminismo em nível global. Em *Provincializing Europe* (2000b), um dos principais objetivos de Chakrabarty é entender como o pensamento crítico luta contra o "preconceito", ao mesmo tempo em que carrega alguns de seus resquícios, bem como estabelecer que ele está, acima de tudo, relacionado com o seu lugar. Dessa forma, Chakrabarty busca criticar a ideia que se tem do "local" – direcionado principalmente aos que o consideram como fenômeno superficial da vida social; sendo, em última análise, um efeito do capital. Esse tipo de pensamento, para o autor, "esvazia" todo o sentido vivido de lugar, o condicionando a um nível assumido como mais profundo e determinador – o nível no qual o modo capitalista de produção cria um espaço abstrato. Ao contrário, para o historiador, "diferença não é sempre uma artimanha do capital" e nem todo o aspecto do "local" pode ser mercantilizado. Com isso, seu principal objetivo é desafiar dois conceitos centrais à ideia de modernidade:

> Um é o historicismo – a ideia de que para entender qualquer coisa, esta tem que ser vista como unidade e em seu desenvolvimento histórico – e o outro é a própria ideia do político. O que historicamente permite um projeto tal qual o de "provincializar a Europa" é a experiência da modernidade política em um país como a Índia. O pensamento europeu tem um relacionamento contraditório com tal instância da modernidade política. É tanto indispensável como inadequado ao nos ajudar a pensar por meio de várias práticas de vida que constituem o político e o histórico na Índia. Explorar – em ambos registros, teóricos e factuais – essa indispensabilidade simultânea e inadequação ao pensamento das ciências sociais é o objetivo que este livro tem para si mesmo (IBID., p.6).

Existe um pensamento político subalterno? 151

Chakrabarty abre uma polêmica com Fredric Jameson e sua teorização acerca do chamado "capitalismo tardio". Para o teórico subalternista, Jameson não teria visto o "capitalismo tardio" como um sistema cujo motor de condução poderia estar no terceiro mundo:

> a palavra "tardio" tem diferentes conotações quando aplicadas aos países desenvolvidos e aos que são vistos como ainda em "desenvolvimento". "Capitalismo tardio" é propriamente o nome do fenômeno entendido como pertencente primariamente ao mundo desenvolvido capitalista, embora seu impacto no resto do mundo jamais seja negado (IBID., P.7).

Como Maria Elisa Cevasco destaca, entretanto, em resenha da obra de Jameson (2005), desde Marx somos conscientes que "modernidade" é o nome da forma pela qual o capitalismo gosta de pensar a si próprio e, portanto, não deveria ser surpreendente que ele crie uma nova aparência em um tempo em que é indiscutível a sua vitória por todo o globo. A respeito da polêmica entre as ideias pós-estruturalistas e a crítica marxista que conformaram o campo da teoria pós-colonial e perpassaram os escritos subalternistas voltaremos no capítulo seguinte.

Voltando ao argumento de Chakrabarty, como Chibber (2013, p103-109) enfatiza, o historiador indiano leva às últimas consequências o argumento de Guha em *Dominance without Hegemony*, mas com diferentes ênfases e conclusões. Chakrabarty concorda com a derrota da obtenção de hegemonia e com os impasses da dinâmica universalista, mas enfatiza a derrota da busca por supremacia do capital na tentativa de transformar relações de poder. Nesse sentido, a persistência de antigas formas de poder não seriam um *index* de um capitalismo "incompleto", ou mesmo "atrasado", mas seriam consequências da variante não-universalista do capitalismo, que tem dinâmicas sociais diferentes do capitalismo original, universalista. Dessa forma, o capitalismo pode se propagar ao redor do mundo, mas as relações de poder que estabelece não serão idênticas. Muito embora essas relações sejam modernas, e contemporâneas ao desenvolvimento capitalista, Chakrabarty não as entende como formas burguesas de poder:

> A crítica de Guha para a categoria de "pré-político" (...) fundamentalmente pluraliza a história do poder na modernidade global e a separa de quaisquer narrativas universalistas do capital. A historiografia subalterna questiona a suposição de que o capitalismo necessariamente traz relações de poder burguesas a uma posição de hegemonia (CHAKRABARTY, 2000b, p.14).

Com isso, embora reivindique levar adiante a crítica de Guha, Chakrabarty traz um argumento distinto e novo, a partir de uma perspectiva pós-estruturalista a respeito das relações de poder na Índia. A partir deste ponto de vista, o colonialismo na Índia teria propiciado novas relações de poder, que não podem ser subsumidas em uma "história universal do capital", ou seja, que não podem ser entendidas como uma instância das mesmas relações de poder capitalistas que emergiram durante a modernização europeia. Ou seja, tratava-se de capitalismo, mas sem hierarquias capitalistas (IBID., p.21).

Deixando explícita uma leitura do subalterno que rechaça qualquer tentativa de compreensão de totalidade, Chakrabarty (2000c) busca uma "reconciliação" com as origens marxistas dos *Subaltern Studies* propondo uma leitura de Gramsci que elimina seu engajamento político e enfatiza os aspectos que o marxista

Existe um pensamento político subalterno? 153

buscava superar no que dizia respeito ao caráter fragmentário das classes subalternas:

> Como seria a história indiana se fosse imaginada como fragmentária? Não "fragmentária" no sentido de fragmentos que se referem a um implícito todo, mas fragmentos que desafiam não somente a ideia de totalidade, mas a própria ideia de "fragmento" (pois se não houvesse quaisquer totalidades os "fragmentos" seriam "fragmentos" de que?) (ID., 2000c, p.274).

Ir ao subalterno como forma de aprender a ser "radicalmente fragmentário e episódico" seria, na visão de Chakrabarty, se afastar da "monomania" da imaginação que opera dentro de uma visão em que o sujeito do conhecimento, do julgamento e do desejo sempre já tem conhecimento do que é bom para todos, antes de qualquer investigação. Ao contrário, a investigação deveria possuir:

> Uma abertura tão radical que só pode ser expressa em termos Heideggerianos: a capacidade de ouvir o que ainda não se pode entender. Em outras palavras, permitir à posição subalterna desafiar nossas próprias concepções do que é universal, estar aberto a possibilidades de um pensamento de mundo particular, mesmo que possa estar preocupado com a tarefa de atingir a totalidade, tornando-o finito pela presença do Outro: tais são os horizontes utópicos aos quais esse outro momento dos *Subaltern Studies* nos chamam. As formas de conhecimento produzidas com este fim não estarão amarradas ao Estado ou à governabilidade pois não refletirão vontade de governar. O subalterno aqui é a figura ideal de quem sobrevive ativamente, mesmo com alegria, no pressuposto de que os instrumentos eficazes de dominação sempre pertencerão a outra pessoa, sem nunca ansiar por eles (IBID., p.276).

Colonização do corpo

A constatação da relação entre corpo e poder é fundamental na obra de Foucault (1987, 2010a). O poder é visto como uma "malha capilar" de "micropoderes" que se espalha sutilmente entre todos os indivíduos através de pequenas práticas repetitivas. Este "poder capilar" não parte do Estado ou qualquer poder central, mas está na realidade mais concreta e cotidiana dos indivíduos, tão próximo que eles não têm como evitá-lo. O poder se exerce sobre o próprio "corpo", intervindo diretamente e materialmente sobre ele a partir de um controle diário, sistemático, repetitivo e minucioso do seu comportamento cotidiano.

Uma investigação que ilustra esta perspectiva foucaultiana nos *Subaltern Studies* se encontra no trabalho de David Arnold, "Touching the Body: Perspectives on the Indian Plague, 1896-1900". Arnold tenta apreender a partir da epidemia de praga – que começou em 1896 e arrogou mais de 12 milhões de vidas – a relação que se desenvolvia entre elites nativas, classes subalternas e Estado colonial. De acordo com ele, a praga *dramatizara* a importância do corpo dos colonizados como o lugar do conflito entre poder colonial e política nativa (ARNOLD, 1988, p.392).

Durante a fase inicial da colonização, o corpo tinha um significado medicinal, administrativo e social específico. Grande parte do impulso intervencionista do Estado foi dirigido para a sua apreensão e controle, assim como grande parte das medidas de resistência à praga giravam em torno da ocultação ou evasão corporais. O corpo, entretanto, foi profundamente simbólico de um campo muito mais amplo e estável de contenção entre as percepções, práticas e preocupações nativas e coloniais (IBID., p.392). A analogia foucaultiana entre prisão e hospital, penalogia e medicina, foi mais evidente no recurso à hospitalização e segregação. Na percepção

Existe um pensamento político subalterno? 155

colonial, o ambiente físico e social da Índia foi visto como prejudicial ao corpo e bem-estar moral, constituindo tanto a causa quanto o contexto do crime e da doença. Arnold (1988) lembra que essa atitude deu origem não só à prisão, mas também aos reformatórios e assentamentos para "tribos criminosas".

Apesar da oposição à segregação e hospitalização ser geralmente expressa em um idioma da poluição masculina e da privação, foi a apreensão das mulheres e sua remoção para acampamentos e hospitais que provocou algumas das mais ferozes resistências. A oposição à intervenção médica ocidental era forte também entre aqueles indianos que viam a praga como uma forma de punição divina, uma provação contra a qual o uso da medicina ocidental tinha se limitado a ser herético ou ineficaz.

Não se submeteu apenas o corpo vivo a insultos e indignidades. O exame e a eliminação de cadáveres figurou, desde cedo, um lugar proeminente na política de pragas. E o assalto colonial ao corpo não foi a única causa da oposição às medidas anti-praga adotadas pelo governo. Havia uma preocupação, também, com a perda de propriedades e bens, destruídos ou roubados durante as operações relacionadas à praga. No entanto, "era o ataque real, ameaçado ou imaginado ao corpo que, acima de tudo, despertou a maior raiva e medo nos anos iniciais da praga e foi a causa mais comum de evasão e contestação" (IBID., p.404).

Os primeiros anos da epidemia de praga indiana forneceram uma ilustração importante da complexa ação recíproca de coerção e cooperação, resistência e hegemonia, classe e raça na situação colonial. É nesse sentido que, depois de analisar de perto as medidas de controle da praga aplicadas pelo governo britânico, Arnold busca dar uma explicação política ao fenômeno:

A força da reação indiana resultou em uma reafirmação política sobre as considerações sanitárias e uma alteração em relação a uma política de acomodação dirigida primariamente a ganhar suporte e cooperação sobre a classe média. Coerção foi temperada com consenso. A resistência subalterna desempenhou um papel importante em arrancar essas concessões do Estado colonial, mas a hegemonia da classe média foi a principal beneficiária. Enquanto o conflito inicial sobre a administração da praga abriu uma divisão política e racial significante entre dominantes e dominados, revelou também a importância de uma cada vez mais assertiva, ainda que não consolidada, ascensão da classe média sobre as massas indianas (IBID., p.426).

Ainda seguindo a obra de Foucault e sua interpretação da Índia colonial centrada em temas relacionados à medicina, prisão e colonização do corpo, Arnold busca em outro trabalho, "The Colonial Prison: Power, Knowledge, and Penology in Nineteenth-Century India" (1997), contrastar a visão paradigmática francesa da disciplina prisional e da fiscalização institucional com uma perspectiva diferente elaborada na Índia colonial. O ponto de partida é a afirmação foucaultiana da prisão como uma instituição penal e da penalogia como um discurso sobre prisioneiros e punição. Ao longo do século XIX na Índia, em muitas ocasiões prisioneiros dominaram os guardas, tomaram a prisão e temporariamente ditaram os termos para as autoridades. Esses episódios ilustram a dificuldade que as autoridades encontraram para exercer controle disciplinar sobre os prisioneiros, especialmente nos primeiros sessenta anos deste século. A prisão se tornou, assim, um símbolo da rebelião contra a Inglaterra. Sobre este contexto, o principal objetivo de Arnold é identificar o que foi especificamente colonial sobre os sistemas prisionais na Índia. Com isso em vista, seu argumento se coloca de modo contrário à pressupo-

Existe um pensamento político subalterno? 157

sição foucaultiana de que é possível achar evidências abundantes de resistência e evasão no sistema prisional e na rede de poder e, então, saber quais foram as autoridades prisionais que exerceram escasso controle. Segundo Arnold (1997), essa autoridade e controle limitado foi parcialmente resultado de uma escolha pragmática feita pelo regime colonial, um reconhecimento de sua prática e restrições políticas e, parcialmente, a expressão franca de seu interesse limitado nos propósitos estabelecidos da disciplina e reforma penal. Por outro lado, concordando com Foucault, o autor argumenta que:

> A prisão foi, no entanto, um local crítico para a aquisição de conhecimento colonial e para o exercício – ou negociação – do poder colonial. Se uma das principais ambições de Foucault era mostrar como um corpo de conhecimento é criado e estruturado, como uma compreensão particular da sociedade humana e do mundo vem a ser, então, como Foucault, vejo a prisão não como uma instituição isolada, mas como algo representativo das formas em que o conhecimento colonial foi construído e implantado. Ao fazer essa conexão com o poder colonial, eu estou bem ciente de que o sistema de conhecimento e poder que Foucault descreveu não foi definido pelas operações do Estado ou pelas aspirações de uma única classe (...) Em geral, então, eu diria que a ampla sinopse de Foucault permanece altamente relevante para qualquer discussão sobre o que poderia ser chamado de "a colonização do corpo" (ARNOLD, 1997, p.148).

Aqui encontramos uma clara tensão quanto ao comprometimento com metodologias que podem ter distintos pontos de partida para interpretação de um mesmo fenômeno. Arnold afirma que a ênfase no impacto psicológico do colonialismo evidencia de modo mais direto a classe-média, ao invés da experiência subalterna, e isso tende a passar por cima da questão do corpo, sem problematizá-la no que diz respeito à apropriação física e implicação ideológica nos processos múltiplos do domínio colonial e hegemonia ocidental. Ao introduzir a frase "colonização do corpo" Arnold pretende enfatizar três elementos fundamentais: o processo de incorporação física, o processo de incorporação discursiva e ideológica e a área de contestação entre entendimentos diferentes do corpo, envolvendo as reivindicações concorrentes para falar para o corpo do colonizado e para suas necessidades materiais, sociais e culturais.

Na Índia, o sistema prisional ajudou a desenhar a linha de demarcação entre o domínio colonial, que via a si mesmo como o único racional e humano, e o "barbarismo" de uma fase anterior ou da sociedade "nativa". A prisão emergiu como uma preocupação britânica em extrair impostos e manter a "lei e a ordem". No entanto, pressões ocidentais para criar um sistema prisional mais eficiente e "humano" provocaram mudanças. Apesar da retenção de muitos vestígios "barbáricos" de uma era passada, a Inglaterra reivindicou ter introduzido um regime mais humano de punição que a Índia havia jamais conhecido.

Até o meio do século XIX, as prisões indianas eram lugares incertos de encarceramento que requeriam segurança e identidade institucional. Mulheres, neste ambiente, formavam apenas uma pequena parte da população presa e muito pouco foi feito para sua acomodação e supervisão, o que contribuiu para que geralmente fossem relegadas às piores partes. Outras áreas de demarcação eram relacionadas à descendência e raça. Prisioneiros europeus invariavelmente recebiam tratamento especial. O controle da classe trabalhadora branca era relegado às instituições e práticas especiais – orfanatos, asilos, hospitais e repatriação. A administração achou que era prudente também reconhecer a importância das castas entre os encarcerados. Mesmo que não ofi-

Existe um pensamento político subalterno? 159

cialmente, as castas eram fatores muito potentes para se ignorar no cotidiano das prisões. Como Arnold aponta,

> Se a prisão colonial fornecia um modelo orientalista de uma sociedade construída em torno de um essencialismo de casta e religião, ela se tornou, progressivamente, enquanto o século progredia, também um modelo de ordenamento da sociedade segundo os ditames da ciência médica e sanitária. Uma das poucas áreas nas quais o Estado colonial teve relativo acesso desobstruído ao corpo de seus sujeitos, a prisão ocupou um lugar crítico no desenvolvimento do conhecimento e da prática médica ocidental na Índia (IBID., p.166).

Conclui-se, de forma paradoxal, que especialmente nas últimas décadas do século XIX e início do século XX, a prisão foi o lugar onde o colonialismo esteve apto a observar e interagir com seus sujeitos em um nível excepcional. O corpo do prisioneiro foi disciplinado, menos a serviço de uma reforma moral e mais como uma questão de remuneração do trabalho. Enquanto a necessidade de respeitar os atributos essenciais de casta e religião foram reconhecidos e mantidos pelos manuais na prisão, o corpo dos prisioneiros poderia servir também como o lugar de intensa pesquisa médica e experimentação. O corpo do encarcerado e as práticas culturais em torno dele foram constantemente relacionados a percepções mais elevadas e imperativas, de modo semelhante entre colonizados e colonizadores (IBID., p.171-172).

Levando em diante o tema do corpo dos colonizados como lugar privilegiado da dominação colonial, Guha também foi um dos que, envolvido com ideias marxistas, desenvolveu alguns dos métodos e temas levantados com a leitura de Foucault. Em "Chandras Death" (1997b), o antigo editor do coletivo subalternista analisa três deposições sobre a morte de uma mulher em 1942 chamada

Chandra Chashini. Nesta ocasião, segundo Guha, o aparato corri-
queiro da historiografia é de pouca ajuda. Como resultado,

> (...) o conhecimento histórico desenvolveu, por meio de
> uma prática recursiva, uma tradição que tende a ignorar o
> drama pequeno e o detalhe fino da existência social, espe-
> cialmente em suas profundidades mais baixas. Uma histo-
> riografia crítica pode resolver essa lacuna, se voltando para
> mais perto do chão a fim de colher os traços da vida subal-
> terna em sua passagem pelo tempo (GUHA, 1997b, p.36).

Ainda que com toda sua autenticidade, os testemunhos analisados permanecem a não satisfazer, na opinião do autor, uma
condição importante requerida pela "prática normal da historiografia" – a condição da contextualidade. Guha acredita que seria de
grande ajuda encontrar uma forma de neutralizar os efeitos dessa
descontextualização, situando o fragmento em séries. Os princípios
segundo os quais uma série é construída e o caráter da autoridade
em construção são todos relevantes para uma compreensão do que
é serializado. Essa busca se torna difícil pela mediação da lei. Aqui,
Foucault tem um papel importante:

> Cada uma das declarações nesse documento é em discurso
> direto, mas é um discurso incitado pelos requerimentos de
> uma investigação oficial para o que se presumiu ser um as-
> sassinato. "Assassinato é o ponto no qual a história intersec-
> ta com o crime" diz Foucault, e o lugar desta intersecção é,
> de acordo com ele, a "narrativa do crime" (IBID., p.37-38).

Assumir a criminalidade e ainda excluir a "vontade particular" do chamado criminoso e substituir a factualidade vazia de
um "mero estado de coisas" para a "única experiência positiva"
da "perda" de Chandra manteria seus autores e suas experiências
fora da história. A família de Chandra pertencia aos chamados

Existe um pensamento político subalterno? 161

Bagdis, que estavam localizados entre os mais baixos estratos da escala indiana de classe e casta. Em razão de uma intensa exploração econômica e cultural, a descrição autoritária da literatura oficial os haviam fixado além dos limites da sociedade de castas e fora da própria história.

Guha (1997b) mostra como a elite de casta superior que dominava essa comunidade fez das mulheres Bagdi "presas da luxúria masculina", como criaturas de "vida fácil" e objetos de "satisfação sexual". As pressões exercidas por tamanha moralidade patriarcal tencionaram os recursos de uma comunidade inteira de Bagdis a um ponto de ruptura na instância analisada por Guha em seu artigo. Chandra engravidou em um "caso de amor ilícito" e foi medicada com o intuito de abortar, mas acabou morrendo nesse procedimento. A mãe de Chandra, uma viúva, levou a família ao centro desta crise – a gravidez de Chandra e os esforços para terminá-la envolveram o resto da família nos desenvolvimentos que se seguiram. Gayaram, seu filho, sendo casado, mobilizou a assistência familiar de sua esposa. Seu cunhado, seu tio e Gayaram sozinhos foram responsáveis por remover o corpo e enterrá-lo. Ou seja, o espaço da autoridade masculina da família da viúva teve de ser preenchido por outra família aliada pelo casamento.

A solidariedade inspirada por essa crise teve base territorial agrupando vilas. Juntas, elas formaram a região de parentesco Bagdis formada por seis famílias, todas em perigo com a gravidez ilícita de Chandra, socialmente proibida. Neste ponto, Guha (1997b) propõe um paralelo com as análises de Foucault sobre o "desenvolvimento da sexualidade" na Europa para entender a história indiana:

> Na Índia do século XIX, a sexualidade estava subsumida e aliada a todas as transações sociais – ao casamento, parentesco, e "transações de nomes e posses" – assim como às teorias que as informavam. O controle da sexualidade,

> portanto, era delegado àquelas autoridades e instrumentos – panchayats (conselhos de aldeia), prescrições, proibições e assim por diante – que governavam o sistema de alianças. Falando especificamente da Bengali rural, se poderia dizer que o governo da sexualidade lá residia dentro da jurisdição samak (comunidade, um termo no qual os aspectos institucionais da sociedade e seus atributos morais e políticos são felizmente colapsados) (IBID., p.45-46).

As lembranças daquela noite de violência – sobre o corpo de Chandra – se combinam para produzir um anúncio que desafia as regras da artimanha da lei e confere dignidade a um trágico discurso. Historicamente, o aborto era o único meio disponível para mulheres derrotarem à moralidade verdadeira que fazia a mulher, sozinha, culpada por um "nascimento ilícito". Foi no domínio do corpo feminino que a "gravidez foi, acima de tudo, um drama encenado dentro da própria mulher".

Um ponto crucial, portanto, consistiu nas formas de dominação particulares que o poder colonial destinou às mulheres. Edward Said (1988) nos lembra, nessa ocasião, que se a história subalterna é construída para ser um empreendimento separatista – tanto quanto alguns escritos feministas foram baseados na noção de que a mulher tinha voz e espaço para elas mesmas, inteiramente separadas do domínio masculino – então, se corre o sério risco de ser apenas o espelho oposto da escrita tirânica que está em disputa. É também provável ser tão exclusivistas, limitados, provinciais, discriminatórios e reprimir tanto quanto os maiores discursos do colonialismo e do elitismo. É importante chamar a atenção para esse risco, e para possíveis críticas, contrapondo à alternativa subalterna proposta por Guha, que visa um conhecimento integrativo em busca de abranger todas as lacunas, os lapsos e ignorâncias dos quais o grupo se diz tão consciente.

Existe um pensamento político subalterno? 163

Na questão propriamente da mulher, Spivak considera que o grupo é "cuidadoso" em suas considerações. Os momentos nos quais homens e mulheres permaneceram juntos em um conflito e sofreram juntos por suas condições materiais de trabalho e de educação, são registrados como uma discriminação de gênero e classe. No entanto, a autora considera que não se deu o enfoque devido à importância do conceito-metafórico "mulher" para a funcionalidade deste discurso. Através de uma determinada leitura, a figura da mulher pode ser instrumental ao mudar a função dos sistemas discursivos, como uma mobilização insurgente (SPIVAK, 1988, p.30-34).

Spivak parte do pressuposto de que "relatar, ou melhor ainda, participar do trabalho antissexista entre as mulheres de cor ou as mulheres sob a opressão de classe no Primeiro ou no Terceiro Mundo está inegavelmente na ordem do dia" (ID., 2010, p.86). Ignorar o projeto antissexista ou feminista, em sua visão, é um gesto político que contribui para um radicalismo masculino que torna o lugar do investigador transparente, inquestionável. A autora sustenta que não se deve tentar falar ao sujeito historicamente "emudecido", mas é necessário ouvi-lo e falar em nome dele. O intelectual pós-colonial não pode deixar de cumprir esta função histórica de crítica.

Ao insistir na produção do sujeito imperialista, e ao elaborar considerações sobre as indagações "pode o subalterno falar?" e "pode a mulher subalterna falar?", Spivak recorre à abolição britânica do ritual hindu das viúvas para contornar a problemática em uma sentença inspirada em Freud: "homens brancos estão salvando mulheres de pele escura de homens de pele escura" (IBID., p.91). Em oposição a essa visão encontra-se o argumento indiano nativo: "as mulheres realmente queriam morrer" (IBID., p.94). As duas sentenças vão longe na tentativa de legitimar uma à outra, mas o que Spivak questiona é o seu significado. A autora nota que "a imagem do imperialismo como o estabelecedor da boa sociedade é marcada pela adoção da mulher como objeto de proteção de sua própria espécie" (IBID., p.98). Encurralada entre a tradição e a modernização, entre o patriarcado e o imperialismo, a figura da mulher desaparece. Em consonância com esta conclusão e em resposta à sua principal questão, Spivak responde: "o subalterno não pode falar" (IBID., p.126). A autora insiste, entretanto, que o intelectual não pode se esquivar de seu papel. O caminho designado aqui é eminentemente político – para ela a representação não definhou, a mulher intelectual enquanto intelectual tem uma tarefa circunscrita que não deve "rejeitar como um floreio".

Partha Chatterjee é outro subalternista que chama a atenção para a "questão da mulher". Em "The Nation and Its Woman", estabelece que este é um dos problemas centrais presentes nos mais controversos debates em torno da reforma social, do início ao meio do século XIX em Bengali – período considerado como a "renascença". A chamada modernização teve início na primeira metade desse século devido à "penetração" das ideias ocidentais. Depois de obter certo sucesso, houve um declínio perceptível, para Chatterjee (1997), nos movimentos de reforma delineados como atividades políticas populares. Com a política nacionalista que tende a defender o tradicional e glorificar o passado indiano, toda tentativa de mudar costumes e estilos de vida começou a ser vista como imitação das maneiras ocidentais e, por isso, foram consideradas duvidosas. Consequentemente, o nacionalismo adotou uma distinta atitude conservadora para as crenças e práticas sociais, e o movimento em direção à modernização foi instalado pela política nacionalista.

Chatterjee (1997) argumenta que as limitações da ideologia nacionalista ao empurrar adiante uma campanha por mudança

Existe um pensamento político subalterno? 165

liberal, social e igualitária não podem ser vistas como regresso a uma fase anterior, radical e reformista. Elementos fundamentais de conservadorismo social, tais quais a manutenção das distinções de castas e das formas patriarcais de autoridade na família, bem como a preferência por mudanças simbólicas nas práticas sociais em relação às substantivas, estavam evidentes nos movimentos de reforma do começo e meio do século XIX. Nesse âmbito, o autor nos questiona sobre qual teria sido a peneira ideológica através da qual se importaram novas ideias provenientes da Europa. Em sua opinião, através da reconstrução dessa estrutura ideológica, seria possível situar melhor a questão da mulher na esfera das reivindicações nacionalistas. O argumento de Chatterjee é o de que a relativa falta de importância da questão da mulher é explicada pelo sucesso nacionalista em situar a "questão da mulher" em um domínio "interior" da soberania, removido da arena de contestação política com o Estado colonial. Esse domínio "interior" da cultura nacional foi constituído à luz da descoberta da "tradição" (CHATTERJEE, 1997, p.240- 241).

Ao se discutir a "questão da mulher" na pauta de reforma social indiana, no começo do século XIX, não se tratava muito sobre a específica condição da mulher dentro de um campo particular de relações sociais, mas sobre o encontro político entre o Estado colonial e a suposta "tradição" de pessoas conquistadas, tradição essa que foi produzida pelo discurso colonial. Uma vez que o novo significado da dicotomia lar e mundo – espiritual e material – é ligado com a identificação dos papéis sociais por gênero, é possível ver a estrutura ideológica dentro da resposta dada pelo nacionalismo à questão da mulher (IBID., p.244-246). As mulheres eram vistas como uma forma específica de espiritualidade, distinta da do homem, mas que não as prevenia, necessariamente, de participar da vida pública e social. Se, por um lado, o movimento nacionalista concebeu a si mesmo como meio de regular a questão das mulheres, por outro, queria dizer que não era uma parte fundamental de sua negociação com o Estado colonial. Se a vida das mulheres não mudou drasticamente durante o período de agitação nacionalista, isso não significa que elas não foram, entretanto, excluídas da concepção do novo Estado-Nação.

Análises de poder em disputa

Apesar do pensamento de Foucault confrontar diretamente ideias comumente vinculadas ao marxismo, o coletivo indiano não pareceu entendê-lo como um "antimarxista". Estabelece-se, a partir de então, que há uma forma de exercício do poder que leva em conta as classes – sem, no entanto, tomá-las como centrais à análise. Assim, essa perspectiva não é abandonada, assim como não o são, Marx e Gramsci. Torna-se mais difícil, entretanto, compreender como o grupo se posiciona politicamente a partir deste eclético ponto de vista. Spivak explicita este conflito com o receio de que "a relação entre o anti-humanismo pós-marxista do primeiro mundo e a história do imperialismo não se trate meramente de uma questão de 'aumentar a gama de possibilidades'" (SPIVAK, 1988, p.19). Tendo como questões de fundo a reflexão a respeito das possibilidades de fala e representação subalterna e qual o papel que o intelectual deveria assumir neste processo, em seu famoso artigo "Pode o subalterno falar?"[2] a autora confronta alguns dos fundamentos da teoria pós-estruturalista francesa.[3] Foucault, Deleuze e Guattari, na visão da

---

2   O artigo "Pode o subalterno falar?" foi publicado primeiramente em 1985, no periódico *Wedge*, com o subtítulo "Especulações sobre os sacrifícios das viúvas". Em 1988 foi republicado na coletânea de artigos intitulada *Marxism and the Interpretation of Culture*, organizada por Cary Nelson e Lary Grossberg.

3   A respeito da tradução para o português realizada pela Editora UFMG no ano de 2010, publiquei uma resenha na *Revista Outubro*, n. 21, 2013.

Existe um pensamento político subalterno?

autora, não teriam dado a atenção necessária à questão da ideologia e seu próprio envolvimento na história intelectual e econômica, além de terem "ignorado" a divisão internacional do trabalho:

> Ignorar a divisão internacional do trabalho e tornar a "Ásia" (e ocasionalmente, a "África") transparente (a menos que o sujeito seja ostensivamente "O Terceiro Mundo"); reestabelecer o sujeito legal do capital socializado – esses são problemas comuns tanto para grande parte da teoria pós-estruturalista quanto da teoria estruturalista (SPIVAK, 2010, p.24).

Ao deixar de considerar as relações entre desejo, poder e subjetividade e ao assumir um compromisso de especulação "genealógica", se encontrariam "incapacitados" de articular uma teoria dos interesses e de localizar em "grandes nomes", como Marx e Freud, os "divisores de águas" de um fluxo contínuo da história intelectual. Deste modo, Spivak (2010) argumenta que esses autores se alinharam aos sociólogos burgueses ao assumir o lugar da ideologia como um "inconsciente" continuísta ou como uma "cultura parassubjetiva" que conduz ao "sujeito". Através do que denominou "realismo representacionista" – baseado na ideia de que "a realidade é o que realmente acontece numa fábrica, numa escola, nos quartéis, numa prisão, numa delegacia de polícia" – a difícil tarefa de realizar uma produção ideológica contra-hegemônica foi abandonada; essa exclusão acabou por auxiliar um empirismo positivista. Ao não admitir a ideia da contradição constitutiva, esses filósofos se separam de comum acordo do campo da esquerda. Em nome do desejo, introduzem novamente o sujeito indivisível no discurso do poder.

De fato, para Spivak, a experiência concreta que garante o apelo político de prisioneiros, soldados e estudantes é revelada por meio da experiência concreta do intelectual, aquele que diagnostica a episteme. Nem Deleuze, nem Foucault pareciam estar cientes, segundo Spivak, de que o intelectual, inserido no contexto do capital socializado e alardeando a experiência concreta, pode ajudar a consolidar a divisão internacional do trabalho. Mantém-se, por meio de um deslize verbal, a contradição não reconhecida de uma posição que valoriza a experiência concreta do oprimido, ao mesmo tempo que se mostra acrítica quanto ao papel histórico do intelectual. Spivak defende que a produção da teoria é também uma prática; a oposição entre teoria abstrata "pura" e prática concreta "aplicada" seria um tanto "apressada e descuidada", o que se explicita na afirmação de Deleuze de que "não há mais representação, não há nada além da ação".

O que lhe pareceu um erro comum foi relacionar os dois sentidos do termo "representação": "falar por", como ocorre na política e "re-presentação", como ocorre na arte e na filosofia. Deste modo, sendo a teoria senão uma ação, o teórico não representaria (falaria por) o grupo oprimido. Os dois sentidos do termo (*Vertretung* e *Darstellung*), embora relacionados, não devem ser agrupados, especialmente se o objetivo for dizer que além desses termos se situa o lugar no qual os sujeitos oprimidos falam, conhecem e agem por si mesmos. Desta forma, a prática dos filósofos franceses levaria a uma "política utópica e essencialista" (ibid., p.35).

Spivak se contrapõe ainda à leitura pós-estruturalista da obra marxiana. Para a autora, Marx não está trabalhando para criar um sujeito indivisível, no qual o desejo e o interesse coincidem. A consciência de classe não operaria com esse objetivo. Tanto na área econômica (capitalista) quanto na política (agente histórico-mundial), Marx é compelido a construir modelos de um sujeito dividido e deslocado, cujas partes não são contínuas nem coerentes entre si:

Existe um pensamento político subalterno? 169

> O agenciamento de classe pleno (se tal coisa existisse) não é uma transformação ideológica ao nível básico da consciência, uma identidade desejante dos agentes e de seu interesse – a identidade cuja ausência perturba Foucault e Deleuze. É uma substituição contestadora, assim como uma apropriação (um suplemento) de algo que é "artificial", para começar – "as condições econômicas de existência que separam seu modo de vida". As formulações de Marx mostram um cauteloso respeito pela recente crítica do agenciamento subjetivo individual e coletivo (IBID., p.39).

Invocações contemporâneas do desejo como interesse determinante, combinados com a prática política dos oprimidos – sob o capital socializado – "que falam por si mesmos" restauram, segundo a teórica indiana, o sujeito soberano no cerne da teoria que mais parece questioná-la. A relação "macrológica" entre o capitalismo global e as alianças dos Estados-nação não poderia ser responsável pela "textura micrológica" do poder. Para compreender tal responsabilidade, se deve procurar entender as teorias da ideologia, que por sua vez não podem deixar de considerar os dois sentidos da categoria de representação: "devem observar como a encenação do mundo em representação – sua cena escrita, sua *Darstellung* – dissimula a escolha e a necessidade de 'heróis', procuradores paternos e agentes de poder – *Vertretung*" (IBID., p.43). Desta forma, Spivak conclui que na conversa entre Foucault e Deleuze a questão parece ser a de que "não há nenhuma representação, nenhum significante; a teoria é um revezamento da prática (deixando, assim, os problemas da prática teórica de lado), e os oprimidos podem saber e falar por si mesmos" (IBID., p.44).

Spivak, de modo oposto, recorre ao pensamento de Gramsci para ressaltar o papel fundamental do intelectual no movimento cultural e político do subalterno no âmbito da hegemonia – o reconhecimento deste papel é um passo que "deve ser dado para determinar a produção da história como uma narrativa (da verdade)" (IBID., p.55). O tema dos intelectuais assume valor estratégico e orgânico nos *Cadernos do Cárcere*. No *Caderno* 4, Gramsci promove um desenvolvimento sistemático da questão que possui duas interrogações de fundo: se os intelectuais são um grupo social autônomo ou se cada grupo social possui sua categoria própria de intelectuais e como individualizar e definir os limites da acepção de "intelectual" (Q.4, §49, p.475).

A "solução" para essas interrogações é desenhada da seguinte forma: Gramsci reconhece que cada grupo social, nascendo de uma função essencial no mundo da produção econômica, cria ao mesmo tempo, organicamente, um estrato ou mais de intelectuais que lhe dão homogeneidade e consciência da própria função no campo econômico. Ao mesmo tempo, esse grupo social se depara com categorias intelectuais pré-existentes que se apresentam como representantes de uma continuidade histórica ininterrupta, categoria identificada como tradicional. A reflexão de Gramsci, entretanto, vai além, ao afirmar que todos os homens são intelectuais, embora nem todos exerçam na sociedade a função de intelectuais. Nesse sentido, historicamente, as categorias especializadas são formadas para exercício da função intelectual em conexão com todos os grupos sociais, mas sobretudo em conexão com os grupos sociais mais importantes. Trata-se da "questão política dos intelectuais".

A proposta de Spivak, abordada pelos *Subaltern Studies*, é a de que o desenvolvimento do subalterno é complicado pelo projeto imperialista. A autora insiste que se deve afirmar, não obstante, que o sujeito subalterno colonizado é irremediavelmente heterogêneo. Deve-se contrapor àquilo que Ranajit Guha chamou de "política do povo". Para Guha, os grupos sociais e elementos incluídos nas "classes subalternas", usadas no mesmo sentido de

Existe um pensamento político subalterno? 171

"povo", representam a diferença demográfica entre a população indiana total e todos aqueles descritos como "elite". O "trabalho de pesquisa" dos *Subaltern Studies*, nos termos de Spivak, é o "de investigar, identificar e medir a natureza específica e o grau de desvio [destes] elementos a partir do ideal e situá-los historicamente" (SPIVAK, 2010, p.59-60). Quanto ao "verdadeiro" grupo subalterno, cuja identidade é a sua diferença, a teórica afirma que não há nenhum sujeito subalterno irrepresentável que possa saber e falar por si mesmo. No entanto, em oposição ao diagnóstico pós-estruturalista, considera que a solução do intelectual não é a de se abster da representação.

A partir desta perspectiva, a brilhante análise de Foucault dos séculos de imperialismo europeu parece produzir uma versão em miniatura de um fenômeno heterogêneo: o gerenciamento do espaço (feito por médicos, pelo aperfeiçoamento de administrações), mas em asilos; as considerações da periferia, mas em termos dos loucos, dos prisioneiros e das crianças. A clínica, o asilo, a prisão, a universidade – tudo parece ser uma "tela alegórica" que impede a leitura das narrativas mais amplas do próprio imperialismo (bem como o tema da "desterritorialização" em Deleuze e Guattari). Isso reintroduz o sujeito constitutivo em pelo menos dois níveis: o Sujeito de desejo e poder como um pressuposto metodológico irredutível; e o sujeito do oprimido, próximo de, senão idêntico, a si mesmo.

Além disso, os intelectuais, os quais não são nenhum desses S/ sujeitos, se tornam transparentes nessa "corrida de revezamento", pois simplesmente fazem uma declaração sobre o sujeito não representado e analisam (sem analisar) o funcionamento do poder e do desejo. A "transparência" produzida marca o lugar de "interesse" e é mantida por sua negação veemente: "agora esse papel de árbitro, juiz e testemunha universal é algo que eu absolutamente me recuso a adotar" (IBID., p.44). Diante da possibilidade de o intelectual ser cúmplice na persistente constituição do Outro como a sombra do Eu, uma possibilidade de prática política para o intelectual seria pôr a economia "sob a rasura", para perceber como o fator econômico é tão irredutível quanto reinscrito no texto social – mesmo este sendo apagado, embora de maneira imperfeita – quando reivindica ser o determinante final ou o significado transcendental.

Para Spivak (1999, p.249), as contribuições mais importantes da teoria pós-estruturalista francesa consistem primeiro na ênfase dada ao fato de que as redes de poder/interesse/desejo são tão heterogêneas que sua redução a uma narrativa coerente seria contraproducente – e, portanto, uma crítica persistente é necessária. Em segundo lugar, o fato de que os intelectuais deveriam tentar revelar e conhecer o discurso do Outro. O problema é que se ignora sistematicamente a questão da ideologia e a sua própria implicação na histórica intelectual e econômica.

Ao tratar da questão de gênero para assumir seus próprios interesses políticos, a teórica indiana enriquece a reflexão acerca do desafio de articular a teoria e a prática no mundo contemporâneo. Assume-se um posicionamento importante frente à questão da representação política no âmbito das ideias, muito embora não evolua a um debate posterior, comumente negligenciado, da representação subalterna enquanto questão prática – o que, claramente, reflete o sinal do tempo. Quando Gramsci tratara da reforma intelectual e moral associada à questão da "reforma escolar" no *Caderno* 12, aos intelectuais se atribuía uma função prática da maior importância. Por meio do desenvolvimento da atividade intelectual se deveria modificar a concepção de mundo existente e suscitar novas maneiras de pensar, fortalecendo, desta forma, a criação de uma nova camada intelectual que deveria ser especialista, mas também dirigente:

Existe um pensamento político subalterno? 173

> O modo de ser do novo intelectual não pode mais consistir na eloquência, na exterior motriz e momentânea dos afetos e das paixões, mas no misturar-se à vida prática, como construtor, organizador, "persuasor permanente" e por não ser mero orador – e, todavia, superior ao espírito abstrato matemático; da técnica-trabalho deve atingir a técnica-ciência e a concepção humanista histórica, sem a qual se mantém "especialista" e não se torna "dirigente" (especialista + político) (Q.12, §3, p. 1551).

Em clara oposição a este raciocínio gramsciano, que possuía em seu núcleo a centralidade do poder, Foucault buscou enfrentar, a partir de uma crítica à teoria clássica, o paradigma da soberania como o órgão legítimo que tem a tarefa de organizar as relações de poder em torno da lei e dos órgãos de soberania. Apesar de endereçar sua crítica à forma tradicional de pensar sobre o poder e a política, Foucault procurou estabelecer uma nova forma de análise do poder, visto como descentralizado, difuso e metodologicamente organizado em torno de relações de forças antagônicas. Neste capítulo, foi possível observar como a metodologia foucaultiana foi usada em algumas das contribuições subalternistas, de forma a problematizar a interpretação da história indiana. As análises apresentadas estavam intimamente imbuídas com suas sugestões a respeito de um modelo moderno de crítica das relações de poder. É clara, porém, a tensão com outras grandes influências no projeto subalternista, representadas principalmente por Marx e Gramsci.

Tendo como pano de fundo as sugestões foucaultianas, os *Subaltern Studies* passaram a destacar a fragmentação e a pluralidade, afirmando a diferença. Com isso, possibilitaram que as narrativas suprimidas dos "despossuídos" fossem ouvidas e que se subvertesse o discurso dominante que impunha, como meio de facilitar sua colonização sobre os não-europeus, a racionalidade eurocêntrica

(Chandavarkar, 2000, p.66). O que Sumit Sarkar (2000) chamou de "Saidian turn"[4] levou os *Subaltern Studies* a uma crescente ênfase no discurso colonial e, com isso, a uma preocupação também crescente com as fundações intelectuais do colonialismo. Os subalternistas passaram a desconstruir o discurso colonial com o objetivo de expor o eurocentrismo do conhecimento pós-colonial. Como aponta Rajnarayan Chandavarkar (2000), a consequência não prevista desta nova fase subalternista foi o risco que incorreram, mesmo que não intencionalmente, de reestabelecer o eurocentrismo na história do sul da Ásia:

> O discurso colonial, segundo foi argumentado, construiu uma sociedade indiana e representou os seus sujeitos em formas que facilitaram sua subordinação e pela qual eles absorveram, apropriaram e aplicaram a si mesmos. Foi porque as formas de autoridade e domínio no trabalho estavam imbuídas na "classe trabalhadora" que Chakrabarty argumentou que trabalhadores adquiriram "uma presença ativa em todo o processo de disciplinamento". Eles eram, em outras palavras, cúmplices de sua própria subordinação e agentes ativos do processo de se tornarem impotentes. Não só essa afirmação privava o subalterno de qualquer poder de agência, mas sugeria também que os governantes coloniais eram a única força em movimento na história indiana. Assim, a odisseia pós-moderna encalhou seus tripulantes em costas familiares (IBID., P.65).

Como indica Chandavarkar, destacado também por O'Hanlon e Washbrook (2000b, p.191), as perspectivas pós-estruturalistas se

---

4   Said segue Foucault em sua exposição do discurso do Orientalismo. Para Said, Orientalismo é o estudo acadêmico do Oriente, mas é também uma série de imagens ou uma forma de pensar o Oriente que dá suporte à dominância ocidental sobre a oriental.

Existe um pensamento político subalterno? 175

fundiram à "odisseia pós-moderna", num amálgama característico de crítica cultural, análises foucaultianas de poder, engajamento com a "política da diferença" e ênfases no descentralizado e heterogêneo. Em consonância com a crítica de Chandavarkar, o teórico marxista Fredric Jameson (2002) mostra como essas novas tendências culturais – que debocham do autoconfiante evolucionismo secular da modernidade – restringiram severamente o espaço para o florescimento de pensamento crítico radical. Isso porque seria difícil imaginar como se pode construir um programa político atraente acreditando-se no "fim da história" e excluindo do pensamento político a dimensão do futuro e da mudança radical. Assim, o conceito de modernidade, que supunham ingenuamente ter desbancado há muito, se reinventa:

> O propalado triunfo ocidental tem sido persistentemente comemorado, em termos explicitamente pós-modernos, como a vitória dos velhos valores modernistas, utópicos e produtivistas, tais como o "fim" da ideologia e também da história, e a doxa nominalista do específico e da Diferença, quer estejam essas coisas articuladas em linguagens de esquerda ou de direita (na verdade, a renúncia a qualquer distinção entre esquerda e direita é muitas vezes a peça central dessa retórica "pós-moderna") (JAMESON, 2002, p.15).

O interessante do argumento de Jameson, neste ponto, é sua interpretação de que a introdução do termo "moderno" é parte primordial de uma batalha política e discursiva fundamental. Há uma incoerência conceitual e filosófica, para o crítico literário, nesse renascimento. O que se quer dizer, de modo geral, na polêmica contra o socialismo e o marxismo é que essas posições estão "fora de moda" por estarem ainda comprometidas com o paradigma básico do modernismo. Para escapar dessas "tiranias", no caso da historiografia indiana, se deveria voltar para as "mitografias", para as histórias escondidas das vítimas do colonialismo, "que vão expor o caráter mítico das fábulas coloniais e pós-coloniais da modernidade" (O'HANLON; WASHBROOK, 2000b, p.194). Mas modernismo entendido aqui como algum campo já ultrapassado de planejamento de cima para baixo, seja ele de governo, de economia ou de estética, um lugar de poder centralizado, em profunda discordância com os valores da descentralização e dos aspectos característicos de qualquer "novo sistema pós-moderno". O que significa classificar esse novo sistema, então, como "pós"- moderno?[5]

Um engajamento político se torna menos evidente quando a partir de uma visão dinâmica do poder, visto como disperso e fragmentado, não se evolui a uma sistematização das relações de força que se propõe uma *interpreta*ção. A recusa em aceitar o próprio tema da modernidade capitalista pode levar ao risco de naturalização do conflito e impossibilidade de superação:

> É ainda menos claro como se pode gerar o que em última análise é uma política de emancipação a partir de suposições foucaultianas sobre o poder e relações sociais (...) muitos dos que partilham suas abordagens vigorosamente e virtuosamente afirmam a presença de conflito em todas as relações sociais, dizendo muito pouco a respeito dos meios políticos pelos quais a emancipação deve ser perseguida ou o que, de fato, possa parecer se fosse já alcançada. De acordo com essa visão, a emancipação se torna um conflito puramente interno à consciência daqueles que resistem e apenas representáveis por eles (IBID., p.201).

Daí a maior dificuldade dos *Subaltern Studies* em sua virada pós-estruturalista – o que reflete os dilemas próprios de seu tempo

---

5 Jameson indica um caminho para tratar o problema, com sua teorização acerca do "pós-modernismo" como a experiência vivida do chamado "capitalismo tardio" (cf. JAMESON, 1997).

Existe um pensamento político subalterno? 177

– em lidar com questões de subjetividade e, portanto, de história e agência. Há que se repensar, portanto, a relevância da dialética marxiana da modernidade, pois como afirma Therborn:

> Já que não parece provável que o capitalismo ou suas polarizações de percurso de vida venham a desaparecer no futuro próximo, há uma boa chance de que o fantasma de Marx continue a perseguir o pensamento social. O modo mais óbvio de seguir a teorização social inspirada em Marx será olhar para o que acontece hoje com o venerável dístico das forças e relações de produção em escala global e seus efeitos conflituosos sobre as relações sociais. O marxismo pode não ter mais soluções prontas, mas sua agudeza crítica não perdeu necessariamente o fio (THERBORN, 2012, p.94).

Subaltern Studies como Crítica Pós-Colonial

*Que política se conserva sem história,
senão como gestão amedrontada por
um presente voltado para si mesmo?
E que história se pode imaginar sem
invenção política do possível?*

Bensaïd
2012, p.23

Críticas recentes da teoria política e de pressupostos da história do pensamento político têm sido coincidentes, em grande medida, com as preocupações da teoria pós-colonial no esforço de entender a dinâmica contemporânea de diversidade cultural em meio ao espaço político (cf. PERSRAM, 2007). Ao longo das últimas duas décadas, esta perspectiva alcançou considerável visibilidade nos círculos acadêmicos. Reconhecer a força que este ponto de vista alcançou é também reconhecer o estímulo criado pelos *Subaltern Studies* em disciplinas diversas, desde a história à antropologia e à literatura. A crítica pós-colonial forçou repensar, de forma radical, as identidades sociais e todo o conhecimento autorizado e de autoria do colonialismo e do ocidente. Ainda que o colonialismo já tivesse enfrentado desafios anteriores – basta pensar nas rebeliões nacionalistas contra a dominação imperialista e nas críticas implacáveis do marxismo – parte-se da premissa que nem o nacionalismo, nem o marxismo, teriam conseguido se "libertar" de discursos eurocêntricos (PRAKASH, 1994, p.1475).

A crítica pós-colonial, desta forma, procuraria desfazer o eurocentrismo produzido pela trajetória ocidental, e de sua apropriação do Outro pela História, a partir de um corpo de escritos que buscasse deslocar as formas dominantes nas quais as relações entre os povos ocidentais e não-ocidentais e seus mundos são vistos. Nos termos de Robert Young:

> Isso significa virar o mundo de cabeça para baixo. Significa olhar para o outro lado da fotografia, reconhecendo quão diferente as coisas são quando você vive em Baghdad ou Benin, e não em Berlin e Boston e entendendo porquê. Significa entender que o povo ocidental quando olha para o povo não-ocidental vê mais uma imagem espelhada de si mesmo, e de suas próprias suposições, do que a realidade que realmente está lá, ou o modo como os povos de fora do Ocidente de fato percebem a si mesmos. Se você é alguém que não se identifica como ocidental, ou de alguma forma não completamente ocidental, mesmo que viva em um país do ocidente, ou é parte de uma cultura que ainda é excluída pelas vozes dominantes, de dentro ou fora, então, o pós-colonialismo oferece uma forma diferente de ver as coisas, uma linguagem e uma política nas quais seus interesses vêm em primeiro lugar e não em último (YOUNG, 2003, p.2).

Existe um pensamento político subalterno? 181

Nesse sentido, o pós-colonialismo reivindicaria o direito de todas as pessoas do mundo ao mesmo bem-estar material e cultural, entendendo a realidade como permeada de desigualdades, obliteradas, muitas vezes, numa ampla divisão entre povos ocidentais e não-ocidentais. Essa divisão se tornou compreensiva no século XIX pela expansão dos impérios europeus, cujo resultado foi o controle de nove décimos de todo o território global. O governo imperial e colonial foi legitimado por teorias antropológicas que retrataram o mundo colonizado como inferior, infantil, ou feminino, incapaz de cuidar de si próprio e requerendo, assim, um domínio paternal do ocidente em benefício de seus próprios interesses.

Apesar dos povos colonizados terem contestado de várias formas essa dominação, com formas ativas e passivas de resistência, foi apenas no final do século XIX que tal resistência se transformou em movimentos políticos coesos. Para muitos povos do mundo, boa parte do século XX envolveu a longa batalha e eventual vitória contra o governo colonial, geralmente com um dispêndio enorme de recursos e de vidas (IBID., p.3). Na Ásia, África e América Latina, os povos "nativos" lutaram contra os políticos europeus que administravam ali seus impérios. Na argumentação de Young, a conquista de independência do domínio colonial deve permanecer entendida como um feito "extraordinário" – uma vez que mesmo que o poder tenha permanecido limitado, a balança de poder estaria, em sua visão, lentamente se modificando.

Como o primeiro de seus argumentos, o pós-colonialismo enfatiza a situação de ampla subordinação e desigualdade econômica que as nações dos três continentes não-ocidentais se encontram em relação à Europa e à América do Norte. Como resposta a este contexto, propõe uma "política" e "filosofia de ativismo", de modo a continuar de uma "nova forma" as lutas anticoloniais do passado. Com isso, não reivindica apenas o direito dos povos africanos, asiáticos e latino-americanos ao mesmo acesso a recursos, mas também a uma dinâmica de poder para suas culturas – culturas estas que agora intervêm e transformam as sociedades do ocidente. Desta forma, a análise pós-colonial está preocupada com a elaboração de estruturas teóricas que contestem as prévias formas de visão dominantes, apresentando, assim, um projeto que seria similar ao do feminismo:

> Como política e prática, o feminismo não envolveu apenas um sistema de pensamento, inspirado por um único fundador, como foi o caso do marxismo ou da psicanálise. Ao contrário, tem sido um trabalho coletivo, desenvolvido por diferentes mulheres em diferentes direções: seus projetos estiveram dirigidos a todo um fenômeno de injustiça geral, da violência doméstica às leis, da linguagem à filosofia (IBID., p.5).

De modo comparável à teoria e prática feminista, a perspectiva pós-colonial envolveria uma reorientação conceitual em direção aos pontos de vista e necessidades elaborados fora do ocidente – com a preocupação principal de desenvolver ideias e práticas políticas moralmente comprometidas com a transformação das condições de exploração e de pobreza nas quais grandes setores da população mundial vivem – ou seja, desenvolver e elaborar uma política do "subalterno". O pós-colonialismo começaria, assim, com seus próprios conhecimentos, muitos deles recentemente elaborados ao longo dos movimentos anticoloniais, partindo do pressuposto que o ocidente, tanto dentro, como fora da academia, deveria se apropriar destas outras perspectivas. Assim, o pós-colonialismo é definido como o nome geral dado aos conhecimentos insurgentes que partem dos subalternos, dos despossuídos, e tentam mudar os termos e valores sob os quais todos vivemos – "a única qualificação necessária para começar é se assegurar que está olhando para o mundo não de cima, mas de baixo" (IBID., p. 20).

Vivek Chibber acredita que a definição dada por Young é "bastante precisa" ao sugerir uma diferença central em relação ao marxismo, embora a ênfase esteja equivocada. A interpretação mais correta, em sua opinião, não seria afirmar que o pós-colonialismo difere do marxismo por ser uma mistura de teorias, ao passo que assim como o primeiro o marxismo compreende também uma ampla e eclética variedade de teorias. Ao contrário do pós-colonialismo, no entanto, o marxismo jamais deixou de procurar uma coerência interna e sistematicidade, enquanto os estudos pós-coloniais permanecem resistindo à qualquer tentativa de unir e tornar compreensível as várias tendências que englobam (CHIBBER, 2013, p.3).

É claro o caráter precursor que os *Subaltern Studies* assumem neste complexo campo de conhecimento. O coletivo indiano começou como uma intervenção na historiografia indiana, fortemente relacionado com as ideias marxistas, e se transformou, ao longo do tempo, numa parte inerente da crítica pós-colonial. "Can the subaltern speak?" de Spivak, como analisamos no capítulo anterior, articula uma crítica a teóricos do pós-estruturalismo, nas figuras de Foucault e Deleuze, e estende suas provocações a todo o território dominado pelos teóricos pós-coloniais – de Edward Said e Homi Bhabha à Partha Chatterjee e Dipesh Chakrabarty – sendo considerado o texto que mais solicitou respostas a estes autores e que mais pautou o debate pós-colonial (MORRIS, 2010, p.9).

Spivak não parou por aí e seus escritos permaneceram fundamentais para a compreensão dos rumos que a teoria pós-colonial levou. Em *A Critique of Postcolonial Reason* (1999, p.1) a autora alerta que os estudos pós-coloniais, ao celebrarem um "objeto perdido", podem acabar se tornando um "álibi" se não estiverem localizados dentro de um quadro geral de crítica. Estes estudos, quando concentrados apenas na representação dos colonizados ou na questão das colônias, podem acabar servindo à produção contemporânea de conhecimento neocolonial ao localizar o colonialismo e o imperialismo como assuntos que se encontram firmemente no passado. Essa situação complica ainda o fato dos estudos coloniais e pós-coloniais estarem se tornando um "gueto" substancialmente "subdisciplinar". Spivak sugere que uma melhor compreensão da nova divisão Norte e Sul no mundo "pós-soviético" seria assegurada se entendêssemos o "terceiro mundo" como um deslocamento das antigas colônias, da mesma forma que o colonialismo desloca a si próprio como neocolonialismo – entendendo-o como um empreendimento econômico do imperialismo e não territorial. Para a autora, a situação pós-soviética teria criado uma narrativa própria à dinâmica de financeirização do mundo.[1]

Ao contrário de certa leitura pós-estruturalista, Spivak defende que seria mais interessante ler Kant, Hegel e Marx como "precursores discursivos" – entendendo a constituição do discurso como condição e efeito de um sistema geral de formação e transformação – do que como repositores transparentes ou determinadores de "ideias". Enquanto o século compreendia a produção de Kant e Marx, a relação entre a produção do discurso europeu e as axiomáticas do imperialismo também mudava, embora o imperialismo tenha continuado a assumir o papel de fazer o discurso dominante ter uma aparência limpa, fazendo a

---

1 Estas "variações no clima da época", para Bensaïd, funcionam como produto e fermento das "retóricas pós-modernas": "a apologia do líquido contra o sólido, o gosto pela miniatura oposto à inquietação da totalidade, a renúncia às grandes narrativas em benefício da anedota e do fait divers acompanham, como sombra ideológica, os ajustes liberais, a individualização dos salários e dos horários, a flexibilização da força de trabalho e a fluidez especulativa dos capitais. A retração da duração no instante, a febre do *zapping*, a inconstância caleidoscópica das aparências, as rajadas de revoltas temporárias, embaralham qualquer perspectiva estratégica" (BENSAÏD, 2012, p.14-15).

Existe um pensamento político subalterno? 185

si próprio parecer como a única forma negociável. No curso desta incessante operação, de uma forma ou de outra, o que Spivak chama de "informante nativo" – necessário, de forma crucial, aos grandes textos – foi "excluído":

> Eu empresto o termo da etnografia, evidentemente. Nesta disciplina, o informante nativo, embora tenha sua autobiografia negada no entendimento da tradição do noroeste europeu (codinome "Ocidente"), é tomado com a maior seriedade. Ele (ocasionalmente ela) é uma peça em branco, embora geradora de um texto de identidade cultural que apenas o Ocidente (ou uma disciplina do modelo ocidental) pode inscrever (...) De modo crescente, existe uma automarginalização e auto-consolidação migrante ou um mascaramento pós-colonial no lugar do "informante nativo". Estou descobrindo o informante nativo fora deste conjunto. Os textos que leio não são etnográficos e portanto não celebram esta figura. Eles têm como garantido o "europeu" como a norma humana e nos oferecem descrições e/ou prescrições. E ainda, até aqui, o informante nativo é necessário e excluído (SPIVAK, 1999, p.6).

O "informante nativo" foi necessário a Kant como exemplo da heteronomia do determinante, a Hegel como evidência do movimento do espírito do inconsciente ao consciente e em Marx funcionou como aquele que confere normatividade à narrativa dos modos de produção. Na visão de Spivak, o informante nativo excluído de hoje é a "mulher pobre do Sul". Neste sentido, ela busca uma crítica com Kant, Hegel e Marx, rejeitando-os como "imperialistas motivados", a partir de uma política desconstrutivista que "reconheceria a determinação assim como o imperialismo" buscando ver se os "grandes textos" podem ser utilizados como "servos, enquanto o novo magistério constrói a si próprio em nome do Outro" (IBID., p.7). Em seu famoso prefácio à *De la Grammatologie* de Derrida, obra que traduziu para a língua inglesa, Spivak afirma que:

> a desconstrução é um perpétuo movimento de se auto-desconstruir. Nenhum texto jamais foi ou está sendo "totalmente" desconstruído. No entanto, o crítico, de modo provisório, reúne as fontes metafísicas da crítica e realiza o que declara ser um (unitário) ato de desconstrução (...) em um certo sentido, é impossível "não desconstruir/ser desconstruído" (SPIVAK, 1976, p. XXVIII).

A desconstrução é considerada por muitos como a corrente mais criativa do pós-estruturalismo, originada com a obra de Derrida nos anos 1960 (cf. MENESES, 2013). Influenciada pelas ideias do filósofo francês nascido na Argélia, Spivak recorre diretamente a esta perspectiva para intervir no debate pós-colonial. A desconstrução seria a operação dentro/fora da "metafísica ocidental" que articula duas impossibilidades – estar plenamente dentro ou inteiramente fora dela. Derrida explica:

> Aqui, como em qualquer lugar, colocar o problema em termos de escolha, obrigar a si mesmo, ou acreditar ser obrigado, a responder o problema com sim ou não, conceber o pertencimento como submissão ou não-pertencimento, em linguagem clara, é confundir diferentes níveis, caminhos e estilos. Na desconstrução do arquétipo, não se faz tal escolha (DERRIDA, 1976, p.62).

Considerada como estratégia geral de abertura de possibilidades, a desconstrução só se sustenta enquanto se mantiver a crença no fechamento da época no espaço e no tempo – é isto que explica a necessidade de uma resistência infindável (MENESES, 2013, p.191).[2] Influenciada por Derrida e estes pressupostos, Spivak cha-

---

2   Segundo Bensaïd, Derrida percorreu um caminho inverso ao dos outros te-

Existe um pensamento político subalterno? 187

ma a atenção, ao seu modo, para a relevância contemporânea do marxismo enquanto busca por "totalidade" e como exemplo de um "quadro geral de crítica". Segundo Rosalind Morris (2010), através da questão de gênero, que a cada dia se torna mais legitimada pelas agendas imperialistas, Spivak expõe as muitas ações e declarações através das quais a ideologia opera:

> Em um mundo onde a divisão internacional do trabalho é tão comumente organizada de modo a permitir a exploração efetiva das mulheres e meninas nas periferias rurais e urbanas (em fábricas exploradoras e bordéis), o projeto imperialista é, devemos admitir, muito interessado em liberar as mulheres para o trabalho, o que significa dizer, para a extração de mais-valia. Os direitos humanos têm muitas vezes fornecido o álibi para este processo (MORRIS, 2010, p.7).

Ou seja, o "discurso da subalternidade" nem sempre revela a verdade de sua opressão ou divulga a plenitude de sua existência. As milhares de prateleiras de livros bem intencionados reivindicando falar por, ou dar voz ao subalterno, não podem escapar ao problema da tradução em seu sentido absoluto – "a subalternidade é menos uma identidade do que o que poderíamos chamar de predicamento"

óricos pós-estruturalistas – menos "militante" e diretamente envolvido com os combates do pós-1968 do que Deleuze, Guattari e Foucault, o filósofo foi da metafísica para a política. O filósofo trotskista sugere que Derrida, ao contrário destes pensadores, foi quem se manteve atento: "ao relativo sem perder de vista o absoluto, às singularidades sem ceder no universal, se movimentou e trabalhou na tensão permanente entre a condicionalidade do direito e a incondicionalidade da justiça, entre justiça divina e justiça mítica, entre senso comum e verdade, entre necessidade e contingência, entre acontecimento e história. Instalado na contradição. No lugar onde, precisamente, a política ascende. Onde se distingue do moralismo imaculado e da pureza cândida" (BENSAÏD, 2012, p.20).

(IBID., p.8). Na definição de Spivak, é um lugar estruturado no qual a capacidade de acessar o poder é radicalmente obstruída.

Como crítica pós-colonial, os estudos subalternistas migraram para além da história, encontrando abrigo em outras disciplinas. Este salto se mostrou mais visível na análise literária e na antropologia, mas sua influência logo se disseminou para outros domínios intelectuais. Esse movimento para além do campo determinado pelos *Subaltern Studies* foi possível, na opinião de Prakash (1994, p.1488), devido à aproximação entre o marxismo e o pós-estruturalismo, realizada principalmente a partir da influência de Spivak e da perspectiva desconstrutivista de Derrida. Chakrabarty, por exemplo, atesta a influência de Spivak em seu trabalho:

> O sujeito anti-histórico, anti-moderno, deste modo, não pode falar como "teoria" dentro dos procedimentos de conhecimento da universidade, mesmo quando esses procedimentos de conhecimento reconhecem e "documentam" sua existência. Assim como o "subalterno" de Spivak (...) esse sujeito só pode ser falado por e falado sobre através de uma narrativa de transição, que jamais vai privilegiar o moderno (ou seja, a "Europa") (CHAKRABARTY, 2000b, p.41).

É difícil discernir a força relativa à intervenção de Spivak quando se soma à leitura e influência de outros grandes autores subalternistas como Guha e Chatterjee. É a partir do texto da indiana, contudo, que visualizamos o crescimento deste novo âmbito de estudos que buscou discernir e articular o que foi definido como "resistência, resistência inconsciente, e, às vezes, agência do oprimido" (MORRIS, 2010, p.12). Esta nova perspectiva expressou uma percepção do colapso do socialismo soviético – como crise dos intelectuais de esquerda – e, de modo mais geral, a exaustão

Existe um pensamento político subalterno? 189

ou o afastamento de uma política notoriamente de oposição e das questões de formação de classe que dominavam o discurso radical das décadas prévias.

Segundo Chatterjee (2010, p.83), a partir do quinto e do sexto volume da coletânea subalternista, "com muito mais seriedade do que antes", seus colaboradores passaram a retratar as histórias subalternas como "fragmentárias, desconexas, incompletas", a consciência subalterna passa a ser vista como cindida em si mesmo, constituída por elementos oriundos das experiências de ambas as classes, dominante e subalterna. Junto com a evidência de autonomia revelada pelos subalternos em momentos de rebelião, as formas de consciência subalterna experimentadas no cotidiano se tornam também temas de investigação. Se tornou impossível, assim, restringir o estudo às revoltas camponesas. De modo significativo, os temas de gênero, religião e casta foram abertos à discussão, levantando muitas questões políticas "desconfortáveis", "complicando" as certezas da política progressista na Índia:

> Essas discussões, construídas com a ideia de "representar o subalterno" não estão, de maneira nenhuma, confinadas aos volumes dos *Subaltern Studies* em si mesmos. Eles agora transbordaram em uma arena pública de debate e conflito político muito maior, sobre o qual os arquitetos originais do projeto dos *Subaltern Studies* não têm nem influência, nem controle (CHATTERJEE, 2010, p.85).

Esta arena de debate e conflito político se configurou como um amplo campo de estudos pós-coloniais, posicionado não só como teoria positiva, mas também como crítica radical. Ao fazer isso, de forma consciente, passou a preencher o "vácuo" deixado pelo declínio do marxismo, tanto no ocidente industrializado, quanto em seus "satélites". Em parte, este movimento é consequência das trajetórias biográficas de seus líderes, que começaram suas atívidades intelectuais, em grande parte, no âmbito do marxismo. A este ponto da trajetória pós-colonial, entretanto, a reivindicação pelo materialismo marxista havia se dissipado:

> na sua esteira veio um interesse permanente na cultura e ideologia, não apenas como um objeto de estudo, mas como um princípio explanatório que rapidamente usurpou o mesmo espaço exaltado que os temas de "classe" ou "capitalismo" ocupavam há apenas uma década antes (CHIBBER, 2013, p.1).

No caso dos *Subaltern Studies*, isso fica claro em figuras como Ranajit Guha, Gayatri Spivak, Partha Chatterjee e Dipesh Chakrabarty que, com imersões distintas, emergiram num contexto marxista no final dos anos 1970 e passaram a figurar como protagonistas no cenário pós-colonial. Como coloca Chibber (2013, p.2), era natural que o marxismo fosse o primeiro interlocutor destes intelectuais no momento em que se afastavam de sua órbita, forjando uma agenda própria ao "novo tempo do mundo". Tanto o engajamento com o marxismo, quanto a sua "rejeição" são entendidos aqui como atitudes fundamentalmente políticas. Estas opções foram tomadas baseadas no entendimento de que o mundo havia mudado e que os dilemas do "capitalismo tardio", principalmente no Sul do mundo, não poderiam ser mais compreendidos pelas categorias do materialismo histórico; e, ainda, que as derrotas dos movimentos de libertação ao longo do século XX eram, em grande medida, o resultado de inadequações teóricas permanentes do marxismo.

É nesse sentido que Guha (2001) afirma entender no trabalho dos *Subaltern Studies* a essência da crítica pós-colonial. Isso porque a explicação do Estado colonial na Índia como uma "dominância sem hegemonia" teria expressado o fracasso histórico da razão. Para o fundador do coletivo subalternista, nem o capi-

Existe um pensamento político subalterno? 191

talismo, nem o liberalismo – entendidos como os dois motores
da razão – se mostraram poderosos o suficiente para superar a
resistência local na economia e na cultura do subcontinente. O
colonialismo revelaria, assim, os limites das pretensões universalistas da "razão", como discutimos na Parte I. Segundo Guha, a
crítica subalternista transbordou os limites da mera experiência
regional para convergir com todas as outras correntes de pensamento pós-colonial e pós-moderno, em torno da questão: "o
que é o Iluminismo?" (Guha, 2001, p.43). Tendo efetivamente
adaptado essa pergunta para "o nosso tempo", deixando o sinal
de interrogação e o configurando como uma afirmação sedi-
mentada por duzentos anos de dúvida, a tradução se conforma,
contemporaneamente, na seguinte questão: "o que é o pós-modernismo?" Para Guha,

> (...) os novos Estados, que emergiram após a Segun-
> da Guerra Mundial dos velhos impérios coloniais, sob
> o governo das elites nativas, ainda têm, na maioria dos
> casos, um longo caminho pela frente antes de poderem
> afirmar ter uma dominância dotada de hegemonia. Eles
> se apoiam, em grande medida, na autoridade do discurso
> elitista e nas suas estratégias filosóficas, metodológicas e
> narrativas para sustentar e propagar as ideologias estatis-
> tas de que necessitam para permanecer no poder. É nosso
> dever se levantar contra essa autoridade e possibilitar que
> a pequena e silenciada voz da história – a voz subalterna –
> seja ouvida outra vez (IBID., p.45).

A aproximação dos *Subaltern Studies* com a chamada "teoria
cultural pós-marxista" obteve um "dramático sucesso" e é nesse
sentido que entendemos sua extensão à América Latina, com a formação dos *Latin American Subaltern Studies* em 1993, que mapea-
remos ainda neste capítulo. Este movimento não se deu, entretanto,
sem reações críticas.

Declínio do subalterno como sujeito político

Embora o foco na subalternidade tenha permanecido central aos *Subaltern Studies*, a concepção de subalterno testemunhou mudanças e variados usos. Diversos intelectuais diferiram, não surpreendentemente, em suas orientações. Uma mudança de interesses, focos, e terrenos teóricos é evidente ao longo dos volumes de artigos produzidos e através das várias monografias realizadas por intelectuais subalternistas. O tema da subalternidade é primeiramente destacado pelos subalternistas e levado ao debate acadêmico norte-americano através de Spivak. Gramsci passa a ser uma referência comum neste debate, a partir de então. A "subalternidade", dentre as categorias desenvolvidas em seus *Cadernos do Cárcere*, é a que levou mais tempo para alcançar reconhecimento e se tornar notória – antecedida por noções já há muito estabelecidas no léxico teórico-político internacional, com destaque para a noção de hegemonia. O sucesso conquistado do tema, ainda que tardio, se deve principalmente ao trabalho dos *Subaltern Studies*. É interessante notar que as investigações em torno deste conceito ganham fôlego no debate do "Ocidente", a partir de uma iniciativa levada a cabo por intelectuais provenientes, em grande medida, do "Oriente".

Trata-se de um conceito ao qual se recorreu para compreender as relações de dominação não só em contextos circunscritos ao continente europeu e às culturas ocidentais, mas também para avançar na crítica de situações históricas coloniais e pós-coloniais – o que, por sua vez, passou a exercer influência nos cânones da teoria política na Europa e no ocidente. Os *Subaltern Studies* se localizaram num contexto em que conceitos padrões para pensar a história estavam sendo colocados à prova. Nesse sentido, se colocaram o desafio de repensar o conhecimento do chamado "terceiro-mundo", repensando mesmo as próprias categorias iluministas. De um

Existe um pensamento político subalterno? 193

projeto profundamente influenciado pelas ideias de Gramsci, com uma inspiração marxista criativa e engajada, os *Subaltern Studies* passaram a conformar um campo amplo da "crítica pós-colonial".

Como nos lembra Sumit Sarkar (2000, p.300), mudanças em relação ao projeto original não precisam ser vistas necessariamente como negativas. É necessário destacar, entretanto, o que o termo "subalterno" passou a indicar num contexto discursivo completamente diferente daquele da fundação dos *Subaltern Studies*. O que torna essas mudanças relevantes é o fato de terem acompanhado a transformação dos "humores" acadêmicos e políticos em nível mundial. A nova tendência, em vez de apresentar estudos concentrados em linhagens organizacionais e ideológicas de esquerda, a partir de análises de movimentos de trabalhadores e camponeses, buscou explorar as dimensões negligenciadas da autonomia na ação, consciência e cultura subalternas.

As publicações iniciais dos *Subaltern Studies* ajudaram a modificar significativamente a historiografia do nacionalismo anticolonial através de uma comum ênfase às "pressões vindas de baixo". Em nome da teoria, em seguida, a nova tendência dotou a categoria de "subalterno" e de "autonomia", largamente utilizadas nesta primeira fase, de um caráter essencialista, a partir da atribuição de significados e qualidades aos termos mais ou menos absolutas, fixas e descontextualizadas. É claro que essa crítica não escapou aos inclinados à pós-modernidade, que buscaram culpar o marxismo por tais incoerências. O interessante é notar como permaneceram a justificar o uso do termo a partir de suas raízes gramscianas.

Embora tenham o mérito de terem levantado a questão, mesmo entre os estudiosos de Gramsci na Itália, há um equívoco em toda esta literatura que se desenvolveu em torno do tema da subalternidade compreendendo-a como um eufemismo utilizado por Gramsci para a palavra "proletariado". Marcus Green (2011, p.387) explica que a ideia apresentada é a que Gramsci teria usado "grupos sociais subalternos" como uma cifra ou camuflagem para "proletariado", a fim de enganar os censores da prisão, que poderiam ter revogado sua autorização para escrever se seu trabalho aparecesse como abertamente marxista ou controverso às autoridades fascistas. Exemplificando esta interpretação, vale destacar a afirmação de Spivak em "The New Subaltern":

> Os *Subaltern Studies* consideram a camada inferior da sociedade, não necessariamente unida pela lógica do capital sozinha. Esta é a sua diferença teórica do marxismo (...) O encarcerado Antonio Gramsci usou a palavra para substituir "proletariado", para escapar da censura da prisão. Mas a palavra logo abriu um espaço, como as palavras fazem, e assumiu a tarefa de analisar o que o "proletariado", produzido pela lógica do capital, não poderia cobrir (...) Gramsci não estava tentando definir "subalterno". Embora tenha insistido no caráter fragmentário da história subalterna em uma passagem bem conhecida, em seus próprios escritos, com base na Itália fascista, a linha entre subalternos e dominantes é mais explícita do que no trabalho dos *Subaltern Studies* subcontinentais (SPIVAK, 2000, p.324).

David Arnold é outro, entre os subalternistas, que confirma a "tese da censura". Em "Gramsci and Peasant Subalternity in India" (2000), Arnold explica de um modo um pouco contraditório que:

> o uso de Gramsci do termo "subalterno" é de singular importância. Num entendimento mínimo pode ser entendido como pouco mais que uma conveniente estenografia para uma variedade de classes subalternas – trabalhadores industriais, camponeses, artesãos, pastores e assim em diante. Seu uso nos *Cadernos do Cárcere* pode ter sido solicitado por uma necessidade de evitar a censura que uma

Existe um pensamento político subalterno? 195

> palavra mais explicitamente política como "proletariado" poderia atrair (ARNOLD, 2000, p.33).

Esta interpretação é um mito, como destaca Green, derivado em grande parte do exagero com que a censura gramsciana foi interpretada e do fato de grande parte dos estudiosos pós-coloniais terem se baseado em traduções inglesas incompletas dos *Cadernos do Cárcere*, que envolvem relativamente poucos escritos sobre o tema. Daí o equívoco em entender as considerações subalternistas como mais "originais" e "dinâmicas" e, por isso, "suplementares" ao marxismo. Ao mesmo tempo em que realçam a abertura do termo, e, portanto, sua utilidade para um olhar contemporâneo, afirmam ser apenas uma forma mais branda para indicar "proletariado" – se tomado como verdade, o que Gramsci teria a oferecer aos subalternistas?

Pensar o tema da subalternidade não poderia se restringir à leitura de apenas um dos *Cadernos do Cárcere* – no caso dos subalternistas, nem mesmo o acesso a todo *Caderno* 25, dedicado ao assunto, foi assegurado pela edição inglesa dos escritos carcerários. Isso porque Gramsci desenvolve sua reflexão a partir de um complexo trabalho relacional de conceitos que são desenvolvidos em diferentes *Cadernos*.[3] O tema começou a ser desenvolvido já no período pré-carcerário, como fica claro no

---

3 Muitas vezes, simultaneamente, como afirma Gianni Francioni: "Gramsci trabalha, de fato, com mais *Cadernos* de uma só vez, ou ecoa àqueles de períodos precedentes para adicionar novas notas nos espaços brancos residuais. Em certos casos, parece que começa a escrever da metade de um *Caderno*, para depois passar a primeira metade. As vezes faz uma referência, em uma das páginas iniciais, a um texto que se encontra em um *Caderno* outro. Por várias razões, há faixas de sobreposição temporal de sua escrita que correm horizontalmente nos *Cadernos* e, consequentemente, momentos de preparação em que não há transição de um *Caderno* para outro, mas de uma nota para outra na alternância de diferentes *Cadernos*" (FRANCIONI, 2009, p.22).

importante texto "Temas para a Questão Meridional" de 1926. Como tantas outras noções que o marxista sardo apresenta ao longo dos *Cadernos do Cárcere,* não há uma definição precisa e fechada do significado do conceito de "subalterno". Apreendemos o sentido deste termo em sua utilização com vistas ao entendimento de contextos históricos específicos, mas também no esforço de transcendê-los e traduzi-los para contextos distantes daqueles nos quais viveu e buscou interpretar. O assunto não figura em seu plano de estudos apresentado no *Caderno* 1 ou em sua versão revisada, exposta no *Caderno* 8. O conceito emerge à medida em que Gramsci leva a cabo seu projeto de estudar os intelectuais, o desenvolvimento da burguesia italiana desde 1870, e a Questão Meridional, todas estas questões presentes desde a primeira página de seu primeiro caderno.

A primeira utilização do termo "classes subalternas" se dá no *Caderno* 3, sob o título "História da classe dominante e história das classes subalternas". Desde então, o subalterno se torna um tema recorrente em seus escritos carcerários. Gramsci examina vários aspectos das classes e dos grupos sociais subalternos – utilizando, de modo intercambiável, ambos os termos – em mais de 30 notas entre 1930 e 1933, além da variação história das classes subalternas e grupos sociais subalternos como título de 17 notas em seus cadernos miscelâneos. Em fevereiro de 1934, Gramsci começa a trabalhar no *Caderno* 25, composto por 13 notas revisadas de seus cadernos miscelâneos. É interessante notar que este *Caderno,* intitulado "Às margens da história" contém diversos textos de cadernos prévios, além de textos originais, que não continham necessariamente em sua reflexão a palavra "subalterno". Sugere-se, com isso, que o tema da subalternidade se encontrava em primeiro plano no pensamento

Existe um pensamento político subalterno? 197

de Gramsci, mesmo enquanto escrevia notas que não imediatamente parecem se relacionar ao tema.[4]

Os três primeiros contextos históricos que Gramsci analisa no *Caderno* 25 incluem a Roma Antiga, as comunas medievais, o período do Risorgimento e seu período decorrente. Com essas comparações históricas, o marxista sardo buscou entender as várias relações de poder e subordinação em formações políticas distintas: a composição do Estado, a formulação da cultura dominante, as representações intelectuais do subalterno, as condições através das quais os grupos subalternos organizam instituições para representar sua vontade política, as possibilidades de impedimento da autonomia subalterna e as construções de identidade e alteridade entre os grupos subalternos. Como argumenta Marcus Green (2011), a análise histórica comparativa é uma empreitada que ilustra bem como o interesse de Gramsci não estava restrito apenas ao moderno proletariado, na medida em que leva em conta como as relações de classe, raça, gênero, religião, nacionalismo e colonialismo interagem com as condições de subordinação. Guido Liguori (2011) destaca, dentre os variados usos que Gramsci faz do tema, três acepções que julga principais:

> Em primeiro lugar, o termo é usado em relação às camadas populacionais desagregadas, politicamente (e, portanto, também culturalmente), marginais, que Gramsci julga "às margens da história". Já contiguamente a esta tematização, todavia, no mesmo *Caderno 3*, se propõe um leque de modalidades diversas do ser "subalterno" que – como se vê – indica claramente a possibilida-

---

4 Estas reflexões em torno do tema da subalternidade em Gramsci estão intimamente ligadas à minha participação na *Ghilarza Summer School*, realizada entre os dias 8 e 12 de Setembro de 2014 na Sardenha. Agradeço aos Professores Marcus Green e Guido Liguori, em especial, pela oportunidade de discutir os argumentos deste trabalho.

> de de um nível crescente de politização e organização. Em segundo lugar, Gramsci desenvolve o uso do termo "subalterno" com uma referência específica ao proletariado industrial avançado, tanto avançado na tentativa de dar vida a uma própria forma de democracia, e que, portanto, iniciou um processo não só de "contra-hegemonia", mas também de "desafio hegemônico", para a conquista de hegemonia. Em terceiro lugar, o termo é usado como referência a sujeitos singulares, seja em relação à sua colocação social, seja em relação aos seus limites culturais (LIGUORI, 2011, p.40).

No *Caderno 25*, ainda, Gramsci salienta o caráter não-nacional popular da história italiana e como os grupos subalternos são excluídos de participar de suas instituições políticas dominantes (GREEN, 2011, p.393-399). O uso do termo que prevaleceu entre os subalternistas a partir da "virada pós-estruturalista" ficou circunscrito ao seu sentido cultural. Mais do que avaliar a interpretação que fizeram de Gramsci, buscamos aqui entender o que essa leitura revela em seu posicionamento político. Está claro que os "grupos sociais subalternos" em Gramsci se relacionam com a "esfera da produção econômica", embora não seja só nisto que reside sua capacidade explicativa. Nos estudos pós-coloniais, entretanto, como resguardo a um retorno às "identidades essencialistas", o objetivo era o de deslocar sujeitos e essências "fundacionais", e quebrar as noções de uma Índia unitária em uma multiplicidade de identidades contingentes e instáveis entendidas como efeitos de relações de poder que estão em constante mudança. Com isso, recusam os temas privilegiados da modernização capitalista e focam, ao contrário, nos temas provenientes de "fora do centro": nas histórias dos subalternos cuja identidade reside na diferença.

Ao se identificarem com a figura do "subordinado", se preocupam com as relações de dominação, o que os diferenciam das

Existe um pensamento político subalterno? 199

perspectivas totalmente despolitizadas do pós-modernismo. No entanto, compartilham de sua ênfase na provisoriedade de todas as identidades e na resistência à qualquer teoria totalizante. Esta seria uma ênfase equivocada na visão de Sarkar (2000, p.305). Em vez de direcioná-la aos domínios distintos da política, deveriam ter se concentrado, na opinião do autor, na interpenetração, condicionamento mútuo – embora obviamente desigual – e raízes comuns de uma formação social específica (IBID., 305). De outra forma, o subalterno se mantém para sempre subalterno, exceto no evento improvável de "inversão literal" que, igualmente, não poderia transformar a sociedade de fato – expectativa que obviamente o revolucionário sardo jamais endossaria.

Em *Peasants, Politics and Historiography,* Chatterjee (1983) esclarece que o argumento de que as classes subalternas habitam um domínio autônomo não significa concluir que por isso não são dominadas. Ao contrário, se trataria de entender essa dominação precisamente como uma relação de poder na qual se deveria identificar a autonomia das classes subalternas. A dominação existiria, nesse sentido, apenas dentro de uma relação. Os grupos dominantes, em seu exercício de dominação, não consomem e destroem as classes dominadas, uma vez que, com isso, não haveria nenhuma relação de poder. Para tal relação existir, as classes subalternas devem habitar um domínio próprio, que lhes dá identidade, onde existem como uma "forma social distinta" e podem resistir ao mesmo tempo em que são dominadas (CHATTERJEE, 1983, p.59). Esta terminologia de Chatterjee acerca dos domínios distintos da elite e do subalterno foi entendida por muitos nos *Subaltern Studies* como apenas mais uma forma de afirmar a necessidade de busca por traços de autonomia subalterna (SARKAR, 2000, p.306). As consequências dessa (in)compreensão foram extensas.

A dicotomia ou justaposição entre elite e subalterno associado à noção de autonomia não apenas possibilita pensar no subalterno como um tipo de categoria, mas introduz a ênfase sobre o poder e a dominância em suas relações mútuas – o que seria a característica distintiva da obra de Chatterjee. No entanto, seria necessário tomar um passo importante para isso: esclarecer os propósitos desta dicotomia e as formas em que deve ser estrategicamente usada. Isso porque a separação da dominação e da autonomia tendeu a tornar absoluta e homogeneizar ambas em seus domínios separados, representando uma mudança crucial em relação aos esforços iniciais de desenvolver uma crítica imanente às estruturas – crítica presente em todas as abordagens dialéticas marxistas. Essa confusão é o que "reforça a sensação de que os colaboradores não têm nenhuma contribuição teórica a fazer, reunidos apenas por um foco difuso na heterogeneidade e na analiticamente inútil categoria de subalterno" (O'HANLON, 2000, p.83).

Os trabalhos dos *Subaltern Studies* mais recentes oscilaram entre três principais posições: a do "discurso derivativo", a da "comunidade" nativa e a dos "fragmentos" (SARKAR, 2000, p.306). Há uma questão implícita da maior importância por trás dessas questões – "'fragmentos' de que?", Pandey pergunta, "'o fragmento' não é sempre parte de algo maior?", "não há uma necessidade de tentar entender este algo maior, a 'totalidade': e isso não é o cargo do historiador?" (PANDEY, 2000, p.282). Para O'Hanlon e Washbrook (2000b, p.207), é "muito difícil" combinar argumentos relacionados a direitos fundamentais e possibilidades de emancipação tendo em vista a recusa presente nos estudos pós-coloniais em buscar uma perspectiva unitária e sistemática sobre o que esses direitos podem ser ou o que a emancipação é, de onde vem e para onde vai. Consequentemente, direitos, dominância e emancipação são definidos apenas a partir de uma perspectiva

Existe um pensamento político subalterno? 201

extremamente relativista das múltiplas batalhas entre grupos sociais opostos. Quando uma versão da emancipação conflita com outra, a defesa natural para ambas é a do princípio da autorrepresentação como tal.

Esta perspectiva não abarca apenas as estratégias pós-estruturalistas e pós-modernas, mas as advoga como os meios próprios para formular novas possibilidades de representação no mundo pós-colonial. O seu rápido crescimento em popularidade refletiu o grau em que foram eviscerados de seu anterior conteúdo político e radical, por críticos literários e culturais que os converteram em formas de "conhecimento autoral e gentrificação textual" (O'HANLON; WASHBROOK, 2000b, p.214). A grande popularidade que o pós-colonialismo atingiu é explicada por Chibber, assim como por O'Hanlon e Washbrook, como um fenômeno típico ao contexto cultural acadêmico, principalmente norte-americano, na ânsia com que acadêmicos buscam aparecer como "vanguarda" e demonstrar familiaridade com os "últimos avanços conceituais". Os estudos pós-coloniais são um exemplo notável deste fenômeno, tendo inflado sua popularidade rapidamente com a propagação de termos como "subalterno" e "fragmento" por toda a "paisagem acadêmica". Seu repertório conceitual pode ser encontrado em trabalhos de muitos tipos, mesmo quando não estão comprometidos com a mesma agenda de pesquisa ou com os mesmos parâmetros teóricos. Como resultado, muitos destes trabalhos "podem estar comprometidos com agendas teóricas bastante distintas", o que eles têm em comum é "o estilo do campo e não sua substância" (CHIBBER, 2013, p.4).

Essas características dificultam responder a questão posta no título deste livro – existe um pensamento político subalterno? Normalmente, o primeiro passo em busca de responder uma pergunta como esta é localizar no objeto escolhido quais são as suas "proposições teóricas centrais". Na Parte I, nos lançamos esse objetivo e selecionamos o argumento de Guha sobre o governo colonial na Índia como "dominância sem hegemonia" como o mais elucidativo da perspectiva subalternista e procuramos avaliar sua consistência. Já nesta segunda fase, no caso do campo difuso do pós-colonialismo, há mesmo o risco de descobrir contraexemplos para cada compromisso teórico que se busca analisar criticamente. Apesar do seu enorme sucesso, é razoável pensar que os estudos pós-coloniais não apresentam um núcleo comum de comprometimento teórico e político. É nesse sentido que buscamos destacar a equívoca leitura de Gramsci – o tema da subalternidade, aqui, passa a significar um indicador teórico geral, um adjetivo que caracteriza qualquer abordagem que analise o colonialismo ou a história colonial, e não mais um sujeito político em *devir*, que possui como desafio principal a construção de uma nova hegemonia. A partir da "virada pós-estruturalista", indicativo da profunda crise que a esquerda enfrenta, o subalterno se torna uma figura cada vez mais frágil, cada vez menos transformadora. Resta-lhe a política do texto, perdendo como característica central o que o definia como sujeito político – *a possibilidade de se tornar dirigente e dominante.*

Os *Latin American Subaltern Studies* e a odisseia pós-moderna

Os *Subaltern Studies* passaram, a partir desta segunda fase, a ter uma presença internacional que se estende muito além da Índia como uma área de especialização acadêmica. O alcance intelectual também excedeu o da história como disciplina. Teóricos pós-coloniais de diversas origens disciplinares se interessaram pelos escritos subalternistas. Muito discutidas são as maneiras pelas quais os colaboradores dos *Subaltern Studies* participaram das críticas contemporâneas da história, do nacionalismo, do orien-

Existe um pensamento político subalterno? 203

talismo e do eurocentrismo na construção do conhecimento nas ciências sociais. Nesse sentido, é possível afirmar que os *Subaltern Studies* passaram a designar o campo geral do pós-colonialismo (cf. CHAKRABARTY, 2000a).

Tendo em vista os debates colocados pela perspectiva pós--colonial, e o papel assumido nesse campo pela crítica dos intelectuais indianos e seus pressupostos metodológicos, destacamos o encontro entre a Índia e a América Latina com a formação dos *Latin American Subaltern Studies* em 1993, por John Beverley e Ileana Rodríguez. O grupo latino-americano foi formado por intelectuais "terceiro mundistas", "anticolonialistas" e "politicamente radicais" que encontraram nos estudos subalternos indianos uma "perspectiva progressista para seus estudos" (MALLON, 2009, p.162). Este é o contexto básico no qual se abre a oportunidade de apropriação dos *Subaltern Studies* para o caso da América Latina. O que nos interessa, especificamente, é observar que as posições teóricas dos diferentes estudiosos associados aos *Subaltern Studies* – assim como a utilização que se faz dessa obra entre os "latino-americanistas" – são conflitantes, contraditórias e se alteraram ao longo do tempo. Assim como o "coletivo sul-asiático", os latino-americanos vinculados a este projeto estavam insatisfeitos com a ideia de que os subalternos não foram registrados na História, mas, antes, subsumidos em uma "narrativa" que não era propriamente a sua.

A primeira invocação pública importante do grupo indiano neste âmbito ocorreu nas páginas do *Latin American Research Review* de 1990. Em um influente artigo, Gilbert Joseph (1990, p.171-172) sugeriu que o projeto e os métodos apresentados por Ranajit Guha nos primeiros três volumes dos *Subaltern Studies* poderiam contribuir e ir mais adiante em direção a uma crítica dos problemas políticos enfrentados na América Latina no que se referia tanto a questões de análises textuais e ação subalterna, quanto aos avanços

204 Camila Góes

recentes em história agrária e ao debate acerca do banditismo. Joseph se referia, portanto, à fase fundacional do grupo, sob a liderança de Ranajit Guha.

Logo em seguida, no entanto, os *Subaltern Studies* foram evocados novamente num ensaio sobre o discurso colonial e pós-colonial de Patrícia Seed (1991) que afirmou que "os membros do movimento dos estudos subalternos" teriam sido no campo histórico "os condutores do movimento de discurso pós-colonial" (SEED apud MALLON, 2009, p.172) sem mencionar nessa ocasião o componente gramsciano que havia concebido o projeto "subalternista" indiano. Já de início se coloca um problema fundamentalmente político da tentativa de tradução dos *Subaltern Studies* a outras partes do mundo. O interessante, nesse aspecto, é notar o contexto intelectual que circunscrevia os intelectuais latino-americanos, que desde o início da década de 1980 começaram a invocar os mesmos temas que levaram na Índia à fundação dos *Subaltern Studies*.

Em 1993, se declararam os fundamentos dos *Latin American Subaltern Studies Group* com um artigo intitulado "Founding Statement" publicado em um número especial da *Boundary 2* dedicado ao chamado "pós-modernismo na América Latina" – atacando os limites da historiografia da elite em relação ao subalterno e reconhecendo a necessidade de se reconceitualizar a relação entre nação, Estado e "povo" (LATIN AMERICAN SUBALTERN STUDIES GROUP, 1993, p.112).[5] Os subalternistas latino-americanos deixavam claro a apropriação de uma certa perspectiva subalternista, com uma ênfase antes nos temas re-

---

5   Faz-se necessário explicitar que os "latino-americanistas" foram influenciados também por iniciativas como as do Birmingham Center for Cultural Studies dirigido pelo jamaicano Stuart Hall. Nossa atenção, contudo, está voltada para os desdobramentos da experiência latino-americana em relação aos *Subaltern Studies*, particularmente no modo como passaram a questionar a constância de sistemas de representação coloniais ou neocoloniais na modernidade.

Existe um pensamento político subalterno? 205

lacionados ao pós-modernismo do que aos propriamente considerados pós-coloniais. Para John Beverley, um de seus fundadores, a pós-modernidade é definida como resultado direto do "colapso do comunismo" (BEVERLEY, 2001, p.47).

Interessante notar que, assim como os indianos – embora com intensidades distintas – os membros fundadores do grupo subalternista latino-americano estiveram envolvidos em alguma medida com a esquerda, ao longo dos anos 1960, tendo participado de pequenos grupos de discussão sobre o marxismo, a teoria da dependência, a questão da etnia e o feminismo (RODRÍGUEZ, 2001, p.1-2). Vale destacar a participação de Ileana Rodríguez e John Beverley por alguns anos junto ao Marxist Literary Group (MLG), sustentado pelo prestígio e dedicação de Fredric Jameson. Rodríguez (2001, p.2) afirma, entretanto, que nada nesse contexto correspondia às suas reais "necessidades políticas e intelectuais".

Estabelecida na Universidade de Minnesota, em 1974, Rodríguez, junto com Hernán Vidal e Antonio Zahareas, organizaram o Institute of Ideologies and Literature (II&L). O trabalho desse instituto buscou relacionar política, cultura e literatura e, com isso, suscitaram um estímulo enorme para os "estudos marxistas da cultura latino-americana" (IBID., p.2). Foi do MLG e do II&L que se originaram grande parte dos intelectuais que formaram, posteriormente, o grupo dos estudos subalternos na América Latina (LATIN AMERICAN SUBALTERN STUDIES GROUP, 1993, p.116). No início de suas carreiras, estes intelectuais lutaram para incluir os estudos marxistas no currículo das universidades e estavam especialmente determinados a relacionar literatura e política. Isso porque eram, em sua maioria, estudiosos da literatura, estabelecidos em universidades norte-americanas, tal como Walter Mignolo e Alberto Moreiras, contando apenas com uma historiadora, Patrícia Seed. Ou seja, o grupo indiano, que em sua fundação poderia ser considerado uma "escola historiográfica", encontrou mais adeptos entre os críticos literários latino-americanos e latino-americanistas. Segundo Mendez, tal apropriação corresponde a um "possível sintoma dos tempos pós-modernos, nos quais a literatura parece deslocar a sociologia como disciplina própria da denúncia social" (MENDEZ, 2009, p.213). Esta afirmação é significativa do que passa a significar o trabalho dos *Subaltern Studies* na América Latina, não porque a literatura não seja, de fato, um poderoso campo disciplinar de denúncia social, mas porque entendem a sociologia, nesse sentido, como a disciplina que apresenta a questão das classes como seu núcleo fundamental.

Tendo em vista os conflitos em meio à academia norte-americana, num contexto de "avanços conceituais" "pós-modernos", "a atração entre os intelectuais latino-americanos e o grupo sul-asiático se deu através de um reconhecimento imediato e de uma afinidade espiritual" (RODRÍGUEZ, 2001, p.2). Os *Latin American Subaltern Studies Group* teriam visto nos *Subaltern Studies* indianos o que Spivak denominou como "estratégia para os nossos tempos" através de dois postulados essenciais – o primeiro, de continuar a depositar fé em projetos do "povo"; o segundo, de encontrar formas para produzir conhecimento que buscasse demonstrar a incapacidade em reconhecer "os pobres" como agentes sociais, políticos e heurísticos ativos que residem "dentro dos limites de uma condição presente hermenêutica e política" (RODRÍGUEZ, 2001, p.3). Situam-se, deste modo, numa crítica radical "cruzada-, trans-, e multi-disciplinar", assim como num comprometimento com a realização de estudos comparativos entre diferentes situações pós-(neo) coloniais, em um esforço para "provincializar a Europa" (Cf. CHAKRABARTY, 2000b).

Ao contrário do coletivo indiano que, com seu acúmulo de discussão das ideias marxistas e engajamento histórico, apresentou uma politização diferenciada mesmo após a "vira-

Existe um pensamento político subalterno? 207

da pós-estruturalista" em meio ao debate pós-colonial, no caso latino-americano a apropriação subalternista não apresenta diferenças substantivas com relação aos debates pós-modernos. Em *The Im/possibility of Politics*, Beverley chega a afirmar que imaginar o comunismo na "pós-modernidade" seria uma questão perversa e quixotesca:

> Perversa por tudo que sabemos sobre o Gulag e os crimes de Stalin e todos os pequenos Stalins, os campos de matança no Camboja, o sufocamento constante de expressão e iniciativa, mesmo sob condições do que era conhecido eufemisticamente como "normalidade socialista". Quixotesco pelo simples e inescapável fato da derrota história de um sistema que justificava estes crimes e a repressão em nome da construção de um futuro humano mais igualitário e democrático (BEVERLEY, 2001, p.47).

Para Beverley, tanto o projeto do comunismo como o da socialdemocracia estiveram subordinados de muitas formas ao projeto da modernidade. A premissa básica do marxismo como "ideologia modernizante" era de que a sociedade burguesa não poderia completar sua promessa de emancipação e bem-estar material, dada as contradições inerentes ao modo de produção capitalista – contradições, acima de tudo, entre o caráter social das forças de produção e do caráter privado da propriedade e acumulação do capital. Para o autor, seria impossível imaginar um projeto da esquerda destacado de um *telos* da modernidade e é essa crise que explica o surgimento dos *Subaltern Studies*.

Não é surpreendente que a leitura de Gramsci de Beverley acompanhe e aprofunde alguns dos equívocos da interpretação indiana – aqui, entretanto, a escusa no que concerne às edições dos

Cadernos não cabe.[6] Em seu livro *Subalternity and Representation*, Beverley emprega também a "tese da censura":

> É claro que para Gramsci "subalterno" e "popular" eram conceitos intercambiáveis (...) Nesse sentido, o recurso à terminologia de "classes subalternas" ou "grupos subalternos" (Gramsci usou as duas formas) pode ser simplesmente um aspecto da linguagem dos *Cadernos* – o uso de eufemismos de Gramsci para não alarmar indevidamente os censores da prisão. Se assim for, "subalterno" deve ser lido como camponeses e trabalhadores, assim como a "filosofia da práxis" deve ser lida como o marxismo, ou "integral" como revolucionário. E assim, para muitas pessoas que se consideram marxistas, a questão do subalterno deve terminar (BEVERLEY, 1999, p.12).

Conclui Beverley (2001, p.60) que o projeto de esquerda na atualidade, por razões "óbvias", deverá ser um projeto localizado muito mais no campo da cultura do que na esfera da prática política ou econômica – a depender do trabalho da teoria social e cultural contemporânea, da prática artística, da história e da etnografia, do desenvolvimento da cibernética, dos sistemas de *media* e comunicação e, acima de tudo, das múltiplas formas de luta e criatividade das classes subalternas e grupos sociais. No entanto, a centralidade da cultura na globalização, para o latino-americanista, marca também a compreensão de um limite "que concerne nosso próprio papel e responsabilidade como intelectuais" que requer não só um "radicalmente novo imaginário político" mas também "uma crítica do conhecimento acadêmico" (ID., 2001, p.61).

---

6   A edição Gerratana dos *Cadernos do Cárcere* foi traduzida para o idioma espanhol na íntegra em 1981, com tradução de Ana Maria Palos, pela editora Era, do México.

Existe um pensamento político subalterno? 209

José Rabasa (2001) afirma mesmo que uma das posições que distinguem os *Latin American Subaltern Studies* é justamente o questionamento da representação dos subalternos pelos intelectuais. Esse questionamento radical seria uma consequência lógica da crítica feita pelo grupo indiano à burguesia, assim como a algumas formas de historiografia marxista. No caso latino-americano, as implicações da crítica pós-estruturalista ao humanismo são sobre-determinadas no pós-1989. Segundo Rabasa, é a partir deste ponto no tempo que a declaração fundadora do grupo foi capaz de endereçar as seguintes questões epistemológicas e ético-políticas aos estudos subalternos: "claramente, não é apenas uma questão de buscar novas formas de ver o subalterno, novas e poderosas formas de recuperar informações, mas também de construir novas relações entre nós mesmos e aqueles humanos contemporâneos que colocamos como objetos de estudo" (RABASA, 2001, p. 200). Esse questionamento sugere que a epistemologia – como postulação de novas formas de ver e constituir objetos de estudo – deve ser equilibrada por um etos que saiba como respeitar os silêncios nos discursos subalternos. Isto é, para o autor, consequência das transformações que o conceito de subalterno sofreu ao longo do século XX, desde o uso feito por Gramsci até "as revisões latino-americanas acerca do papel do intelectual". Segundo o autor, as novas práticas subalternas estrategicamente recorrem ao silêncio – síndrome do subalterno "não poder falar" – e os intelectuais deveriam "respeitá-lo".

Para Abdul-Karim Mustapha (2001, p.121-123), o interesse no subalterno levou os estudiosos subalternistas à inescapável questão – o que é a subalternidade? Para os latino-americanistas, a subalternidade seria um evento "totalizante" que circunscreve a questão da produção intelectual e, consequentemente, o ritmo de troca entre subalternistas e subalternos em suas congruências e dissonâncias, antecipando uma nova forma de ver o que constitui o pensamento sobre a subalternidade e sua função em qualquer projeto que procure pensar "além dos limites da globalização". Mustapha acredita ainda que apenas os *Subaltern Studies*, em sua configuração latino-americana, apresentaram a questão filosófica sobre o que é a subalternidade como assunto central em suas análises – e esse fator é o que os diferenciariam das abordagens sociológicas, históricas, econômicas e psicológicas. Essa questão se coloca, no entanto, apenas como "estratégia" pois seria impossível a partir de uma "posição exterior de interpretação" descrever tanto a subalternidade quanto o "Real".

De um projeto informado, nomeado e tematizado pelas condições sociais e políticas indianas, a apropriação da perspectiva subalternista aplicada ao contexto latino-americano deixa claro as diferentes proporções e significados alcançados pelo projeto lançado em 1982 e sua utilização na virada do século. Para Guha (2001, p.35), os *Subaltern Studies* foram úteis aos latino-americanos não por apresentar em sua gênesis a experiência indiana, já que estes intelectuais não teriam interesse especial algum no Sul asiático. Para o fundador do coletivo indiano, não é a territorialidade que relaciona o projeto indiano ao latino-americano, mas sua temporalidade – "nosso tempo, que pertencia ao Sul da Ásia no projeto dos *Subaltern Studies*, foi sobredeterminado pelas temporalidades globais" (GUHA, 2001, p.36). É nessa temporalidade abrangente entendida como "nosso tempo" que as especificações indianas intersectam um distinto "nosso tempo" latino-americano.

Essa temporalidade abrangente é entendida pelos latino-americanos como a "pós-modernidade". O engajamento com as ideias do pós-modernismo explicita, para Guha, as diferenças em relação ao projeto indiano. É claro que há na trajetória

Existe um pensamento político subalterno? 211

pós-colonial um amálgama pós-moderno, mas que não perde sua identidade como o resultado de um caminho delimitado por uma ocupação colonial milenar. Em qual sentido esta experiência leva o projeto subalternista a tomar lugar junto às críticas pós-modernas?

> Como resposta, se poderia considerar a experiência à luz de três aspectos salientes da intersecção da modernidade com o colonialismo, que são, em suma, as que seguem: primeiro, que o fenômeno do colonialismo pós-Iluminista é constitutivo e pressuposto da modernidade mesmo que não seja explicitamente expresso assim; segundo, que o pós-modernismo como crítica jamais seria adequado a não ser que entenda o colonialismo numa abordagem com uma barreira histórica que a razão jamais poderá cruzar, e terceiro, que a experiência colonial sobreviveu à descolonização e continua a se relacionar significantemente com as preocupações de nosso tempo (GUHA, 2001, p.42).

Das numerosas questões que poderiam surgir da experiência colonial em relação à modernidade, uma foi assumida com atenção especial pelos intelectuais indianos no final dos anos 1970 – a estrutura da política sob o governo colonial. Guha e outros subalternistas destacaram como a literatura havia descrito o domínio da política indiana como unitária e indiferenciada e tomaram como objetivo principal demonstrar que o domínio da política na Índia era estruturalmente dividido. É dessa afirmação que derivam todas as teses subalternistas e é ela que informa todo o alcance do trabalho em aspectos distintos de história, política e cultura, muitos dos quais regionalmente específicos. Para Guha, essa regionalidade não afasta a relevância da tese para uma crítica mais geral pós-modernista. No entanto, é o que ajuda a enfatizar o coletivo sul-asiático em sua especificidade pós-colonial.

A questão central, pra Guha, é o par conceitual colonial/pós--colonial e não o de modernidade/pós-modernidade como destacado pelos latino-americanos. Walter Mignolo (2001, p.424), em resposta, afirma que o diálogo entre o projeto indiano e o latino--americano só não foi possível antes, quando do estabelecimento dos *Subaltern Studies* na Índia, graças à estrutura da modernidade/colonialidade e da geopolítica do conhecimento. A ênfase na pós--modernidade, para Mignolo, tem a ver com os ritmos históricos distintos das Américas e do Sul da Ásia, com a distância temporal da descolonização e com a localização da ordem mundial no período de construção da nação:

> A descolonização antecipada das Américas e Caribe (Haiti) coincidiu com a emergência do Iluminismo e a revolução burguesa, enquanto a descolonização tardia da Índia e outros países do Sul da Ásia coincidiu com a emergência da Guerra Fria, com a ideologia do desenvolvimento e modernização, e com a inserção de corporações transnacionais – em outras palavras, com quinhentos anos e duzentos anos de solidão, respectivamente (MIGNOLO, 2001, p.440).

Mignolo conclui que tantos os *Subaltern Studies* indianos, quanto os latino-americanos, a despeito de suas especificidades, concordam em pelo menos uma coisa: a concepção de subalternidade como não apenas uma questão de grupos sociais dominados por outros grupos sociais, mas uma subalternidade concebida em termos de uma ordem mundial – isso é, para o autor, um ponto crucial e relevante na contemporaneidade, "quando a colonialidade do poder e a subalternidade são rearticuladas num período pós-colonial e pós-nacional controlado por corporações transnacionais e pela sociedade de rede" (IBID., p. 441).

Os *Latin American Subaltern Studies* explicitam a questão da tradutibilidade, posta já por Gramsci, como destacamos no início deste trabalho. Interessante notar que é ainda a noção de "subalterno" o mais importante elo estabelecido entre os coletivos, da Índia à América Latina. O termo é resultado de uma reflexão original realizada pelo marxista sardo e serviu de estímulo às mais variadas pesquisas tanto no contexto indiano quanto no latino-americano. Mesmo que sumariamente, buscamos demostrar aqui como os latino-americanistas de baseiam na ideia delineada a partir da segunda fase do trabalho subalternista indiano, que entende a subalternidade principalmente em termos de "diferença" – fase na qual a referência a Gramsci passa a ter pouco significado. Uma das fragilidades desta visada no que concerne o subalterno é a pouca consistência teórica e a recusa à uma explicação em termos de totalidade, o que abriu brechas para as consequentes utilizações "pós-modernas". No caso latino-americano, a abrangência do termo é tamanha que se perde o comprometimento político que mesmo estremecido não deixa de estar presente em meio ao coletivo indiano. A questão da temporalidade, destacada por Guha, é reveladora neste sentido. Os *Latin American Subaltern Studies* explicitam uma certa orientação tomada pelos intelectuais indianos, a despeito do caráter regional de seus estudos.

Ambas as versões dos *Subaltern Studies* nos permitem refletir sobre os dilemas e desafios postos ao pensamento crítico contemporâneo, tanto no que toca o colonialismo quanto no que se refere ao modernismo. Os subalternistas, desde a "virada pós-estruturalista", se afastaram do marxismo, relacionando-o com o projeto de modernidade iluminista que possui a Europa como "referente silencioso". No caso latino-americano, se tratou mesmo de negá-lo através de um engajamento com as ideias do pós-modernismo.

O vínculo cimentado por essa interpretação, entre modernidade e subjetividade, é explorado através da categoria do modernismo. Subjetividade modernista é vista, assim, menos como uma transformação da própria subjetividade através da fragmentação e inauguração de novas formas e mais como uma crise da própria subjetividade através da representação. O que se segue, como afirma Cevasco (2005), é que o sujeito isolado, tanto como consciência, quanto como representação, não pode ser representado. Aqui, como nunca, o subalterno não pode falar. O pós-modernismo noticia mais uma ruptura interna e a produção de ainda outro momento, que por sua vez, ainda é essencialmente modernista. A respeito disto, concluímos com a sugestão de Jameson:

> o melhor é nos acostumarmos a pensar "o moderno" como um conceito (ou pseudoconceito) unidimensional, que nada traz consigo de historicidade ou de futuridade. Isso quer dizer que também pouco o termo "pós-moderno" designa um futuro (mas sim, quando usado adequadamente, o nosso próprio presente), ao passo que o "não-moderno" é inevitavelmente puxado para trás para um campo de forças no qual tende a ter exclusivamente a conotação de "pré-moderno". Alternativas radicais, transformações sistêmicas, não podem ser teorizadas ou sequer imaginadas dentro do campo conceitual regido pela palavra "moderno". É isso, provavelmente, o que se passa também com a noção de capitalismo mas, se eu recomendo o procedimento experimental de substituir capitalismo por modernidade, em todos os contextos em que o termo aparece, trata-se de uma recomendação antes terapêutica do que dogmática, destinada a excluir velhos problemas (e produzir outros novos e mais interessantes). Precisamos realmente é de um deslocamento em bloco da temática da modernidade pelo desejo chamado Utopia (JAMESON, 2002, p.249).

Considerações Finais

Os *Subaltern Studies* possuem uma trajetória complexa que compreende mais de duas décadas de desenvolvimento intelectual desde o projeto idealizado por Guha em fins da década de 1970. Buscando intervir no debate acerca da história colonial da Índia, o historiador recorreu à noção gramsciana de subalterno como forma de afirmar um posicionamento teórico e político, contra o que considerou como interpretações elitistas do contexto indiano, fossem elas colonialistas ou nacionalistas. Desta forma, Guha abriu uma polêmica com seus interlocutores marxistas na Índia, em defesa de uma abordagem criativa que não se reduzisse a termos economicistas e deterministas, e que propusesse como centro da análise a questão política. Daí a escolha do tema da subalternidade ser de grande relevância, pois buscava destacar como o domínio da política na Índia era estruturalmente dividido. O desafio era grande – buscar uma interpretação que desse conta das relações sociais indianas, entrecortadas por questões como as de casta, gênero e classe num esquema interpretativo complexo e geral de poder. A despeito dos equívocos teóricos em sua apropriação da obra de Gramsci, baseada em leituras precárias dos *Cadernos*, entendemos que Guha é o que mais avança na tradução para o contexto indiano do projeto esboçado pelo marxista italiano em seu *Caderno 25*, principalmente no que tange às suas motivações, bem explicitadas no manifesto de 1982.

Na Parte I buscamos explorar as principais contribuições das pesquisas da primeira fase subalternista sob sua liderança, que se estende, em termos gerais, do momento de fundação do grupo, até o fim da década de 1980. Importante destacar que esta divisão se dá apenas de forma analítica e não se encontra no trabalho subalternista de modo unívoco. Embora possamos acompanhar o desenvolvimento dos *Subaltern Studies* a partir da passagem de uma fase centrada no "subalterno como identidade" para uma outra que enfatiza o "subalterno como diferença", não concluímos, contudo, que este caminho se dá de forma linear. Ao contrário, as questões levantadas pelos subalternistas assumem novas facetas em distintos momentos da elaboração intelectual do grupo. Exemplar disto é como as figuras de Marx e Gramsci permanecem enquanto referências, mesmo na fase mais recente dos estudos subalternos, entendidos como crítica pós-colonial e de sua extensão à América Latina.

A partir, principalmente, da coletânea *Selected Subaltern Studies*, lançada em 1988, entendemos que há uma "virada pós-estruturalista" na obra subalternista, que acompanha um movimento mais amplo do pensamento político e das esquerdas em nível mundial. Acompanhando o colapso do comunismo soviético e os

Existe um pensamento político subalterno? 217

desfechos da Guerra Fria, há um declínio do marxismo em meio ao "pensamento radical". Os *Subaltern Studies*, nesse contexto, passam a ser pressionados a responder questões postas pelo contexto acadêmico e político de fim da década de 1980 e início de 1990, simultaneamente à sua entrada na academia norte-americana a partir da obra de Gayatri Spivak, que desde o lançamento de "Can the subaltern speak?", em 1985, já solicitava respostas subalternistas e pautava suas reflexões.

A partir de então, os trabalhos do coletivo indiano passam a ter uma ampla difusão, passando a se identificar, em linhas gerais, com todo o campo de estudos conhecido como "pós-colonialismo". O que caracteriza, grosso modo, essa corrente de estudos, é principalmente o seu ecletismo teórico. Junto com a entrada das críticas pós-estruturalistas de Foucault e Derrida, permanece a defesa do tema da subalternidade, numa tentativa de conciliar esta nova fase com o projeto fundacional, fortemente influenciado pelas ideias de Antonio Gramsci. Os equívocos da leitura da obra do marxista sardo passam a ter, como buscamos demonstrar, uma explicação política de fundo, da maior importância. Ao sugerirem que o termo "subalterno" foi usado por Gramsci apenas como uma forma de escapar à censura, deixam de entendê-lo como "sujeito político". Mais do que um problema de rigor teórico, as consequências políticas desta opção são tremendas. Tendo pouco significado prático, esta noção de subalternidade ampliada passa a ser adotada inclusive por intelectuais latino-americanistas, em sua maioria críticos literários, que fundam um coletivo de mesmo nome, em 1993, a fim de desenvolver seus estudos textuais centrados nas questões da pós-modernidade.

Se a questão posta no título – Existe um pensamento político subalterno? –encontrava lugar ainda na Parte I, na Parte II passa a ter cada vez menos espaço. Isso porque ao recusar qualquer sistematicidade para o corpo de estudos que construía, unidos principalmente por aquilo que negavam, os *Subaltern Studies* deixaram de se preocupar com aquilo que propunham. Rejeitando o desafio de se estabelecer como unidade, os subalternistas explicitam os maiores desafios do "novo tempo do mundo". Sua trajetória permite que a reflexão se estenda a todo pensamento crítico contemporâneo e estabeleça profícuas analogias. Permanece como um desafio, mais atual do que nunca, uma tradução efetiva do projeto esboçado por Gramsci no Caderno intitulado "Às Margens da História". Para isso, é preciso ousar "encontrar a real identidade sobre a aparente diferença e contradição e encontrar a substancial diversidade sobre a aparente identidade", pois como nos lembra Walter Benjamin (1985), cabe apenas ao intelectual convencido de que "também os mortos não estarão em segurança se o inimigo vencer", "despertar no passado as centelhas da esperança".

Referências bibliográficas

Amin, S. *Sugarcane and Sugar in Gorakhpur: an inquiry into peasant production for capitalist enterprise in Colonial India*. New Delhi: Oxford University Press, 1984.

Ahmad, A. Introduction. In: Mark, K.; Engels, F. *On the National and Colonial Questions*. New Delhi: LeftWord Books, 2001.

Aricó, J. *Marx e a América Latina*. Rio de Janeiro: Paz e Terra, 1982.

_____. Geografia de Gramsci na América Latina. In: Coutinho, C.N.; Nogueira, M. A. (org.). *Gramsci e a América Latina*. Rio se Janeiro: Paz e Terra, 1985.

Arnold, A. Touching the Body: Perspectives on the Indian Plague. In: Guha, R. Spivak, G. *Selected Subaltern Studies*. New York: Oxford University Press, 1988.

_____. The Colonial Prison: Power, Knowledge, and Penology in Nineteenth- Century India. In: Guha, R. *Subaltern Studies Reader, 1986-1995*. Minneapolis: University of Minnesota Press, 1997.

_____. Gramsci and Peasant Subalternity in India. In: Chatuverdi, V.(ed.). *Mapping Subaltern Studies and the Postcolonial*. London: Verso, 2000.

Badaloni, N. Conteúdos Gramsci, para além de sua época e de seu país. In: Coutinho, C.N.; Nogueira, M. A. (org.). *Gramsci e a América Latina*. Rio se Janeiro: Paz e Terra, 1985.

Baratta, G. Prefazione. In: Schirru, G. *Gramsci, le culture e il mondo*. Roma: Viella, 2009.

Benjamin, W. Sobre o conceito da História. *Magia e técnica, arte e política: ensaios sobre literatura e história da cultura*. Trad. Sérgio Paulo Rouanet, São Paulo:Brasiliense, 1985.

Bensaïd, D. *Marx, o intempestivo: grandezas e misérias de uma aventura crítica (séculos XIX e XX)*. Rio de Janeiro: Civilização Brasileira, 1999.

_____. Elogio da política profana como arte estratégica. *Revista Outubro*, n.20, 2012.

Beverley, J. *Subalternity and Representation: Arguments in Cultural Theory*. Durham: Duke University Press, 1999.

_____. The im/possibility of Politics: Subalternity, Modernity, Hegemony. In: Rodríguez, I (ed.). *The Latin American Subaltern Studies Reader*. Durham e London: Duke University Press, 2001.

Bianchi, A. *O laboratório de Gramsci: filosofia, história e política*. São Paulo: Alameda, 2008.

Existe um pensamento político subalterno? 221

Braga, R. Risorgimento, Fascismo e Americanismo: a dialética da passivização. In: Dias, E. F. (org.). *O outro Gramsci*. São Paulo: Xamã, 1996.

Boothman, D. *Traducibilitá e processi tradutivi*. Perugia: Guerra, 2004.

Capuzzo, P. I subalterni da Gramsci a Guha. In: Schirru, G. *Gramsci, le culture e il mondo*. Roma: Viella, 2009.

Cevasco, M. E. The Scandal of Theory - Jameson on Modernity. *Foreign Literature*, China, v. 3, 2005.

Chakrabarty, D. *Rethinking Working-Class History: Bengal 1890-1940*. Nova Jersey: Princeton University, 1989.

_____. Postcoloniality and the Artifice of History: Who Speaks for "Indian" Pasts? *Representations*, no. 37, Special Issue: Imperial Fantasies and Postcolonial Histories, 1999.

_____. *Subaltern Studies and Postcolonial Historiography*. Views from South, vol. 1, n° 1, 2000a.

_____. *Provincializing Europe: postcolonial thought and historical difference*. Nova Jersey: Princeton University press, 2000b.

_____. Radical Histories and Question of Enlightenment Rationalism: Some Recent Critiques of Subaltern Studies. In: *Mapping Subaltern Studies and the Postcolonial*. London: Verso, 2000c.

Chandavarkar, R. The making of the working class: E.P. Thompson and Indian History. In: Chatuverdi, V. (ed.). *Mapping Subaltern Studies and the Postcolonial*. London: Verso, 2000.

Cheddadi, A. Traduzione e cultura nel mondo arabo: una prospettiva storica. In: Schirru, G. *Gramsci, le culture e il mondo*. Roma: Viella, 2009.

Chatuverdi, V. Introduction. *Mapping Subaltern Studies and the Postcolonial*. London: Verso, 2000.

_____. A Critical Theory of Subalternity: Rethinking Class in Indian Historiography. *Left History*, vol. 12, n° 1, 2007.

Chatterjee, P. More on Modes of Power and the Peasantry. In: *Subaltern Studies II*, GUHA, Ranajit, ed. New Delhi: Oxford University Press India, 1983a.

_____.Peasants, Politics and Historiography: A Response. *Social Scientist*, Vol. 11, No. 5, 1983b.

_____. More on Modes of Power and the Peasantry. In: Guha, R. Spivak, G. *Selected Subaltern Studies*. New York: Oxford University Press, 1988.

_____. *The nation and its fragments: colonial and postcolonial histories*. New Jersey: Princeton University Press, 1993.

_____. The Nation and Its Women. In: Guha, R. (ed.). *A subaltern studies reader 1986-1995*. Minneapolis: Univ. of Minnesota, 1997.

_____. *Nationalist Thought and the Colonial World: a derivative discourse?* Minnesota: University of Minnesota Press, 1998.

_____. *Towards a Postcolonial Modernity: Asiasource Interview with Partha Chatterjee*, 2006. Disponível em: http://www.asiasource.org/news/special_reports/chatterjee.cfm. Último acesso em 24/20/2014.

_____. Reflections on "Can the Subaltern Speak?": Subaltern Studies after Spivak. In: Morris, R.C. *Reflections on the history of an idea: Can the subaltern speak?* New York: Columbia University Press, 2010.

Chibber, V. *Postcolonial theory and the specter of capital*. Verso: New

York, 2013.

Coutinho, C. N. *Gramsci: um estudo sobre seu pensamento político*. Rio de Janeiro: Civilização Brasileira, 1999.

Curti, L. Percorsi di subalternità: Gramsci, Said, Spivak. In: Chambers, I. *Esercizi di potere: Gramsci, Said e il postcoloniale*. Roma: Meltemi, 2006.

Croce, B. *Breviario di estetica: aesthetica in nuce*. Milano: Adelphi, 2007.

_____. *Storia d'Itália: dal 1871 al 1915*. Bari: Laterza. 1962.

De Felice, F. Revolução passiva, fascismo, americanismo em Gramsci. In: Ferri, F. (coord.). *Política e história em Gramsci*. Rio de Janeiro: Civilização Brasileira, 1978.

Del Roio, M. Gramsci e a emancipação do subalterno. *Revista de Sociologia e Política*, n. 29, 2007.

Derrida, J. *Of Grammatology*. Baltimore: Johns Hopkins Press, 1976.

Femia, J. A Historicist Critique of "Revisionist" Methods for Studying the History of Ideas. *History and Theory*, Vol. 20, No. 2, 1981.

Foucault, M. *Vigiar e punir: nascimento da prisão*; tradução de Raquel Ramalhete. Petrópolis: Vozes, 1987.

_____. *A arqueologia do saber*. Rio de Janeiro: Forense Universitária, 2005.

_____. *Microfísica do poder*. Tradução de Roberto Machado. Rio de Janeiro: Edições Graal, 2010a.

_____. Verdade e poder. In: Foucault, M. *Em Defesa da Sociedade*. Curso no Collège de France (1975-1976). São Paulo: Martins Fontes, 2010b.

_____. Nietzsche, a genealogia e a história. In: Foucault, M. *Em Defesa da Sociedade.* Curso no Collège de France (1975-1976). São Paulo: Martins Fontes, 2010b.

Francioni, G. *L'Officina gramsciana: ipotesi sulla struttura dei "Quaderni del Carcere".* Napoli: Bibliopolis, 1984.

Jameson, F. *Pós-modernismo: a lógica cultural do capitalismo tardio;* tradução Maria Elisa Cevasco; revisão da tradução Iná Camargo Costa. São Paulo: Ática, 1997.

_____. *Modernidade Singular;* tradução de Roberto Franco Valente. Rio de Janeiro: Civilização Brasileira, 2002.

Joseph, G. On the trail of Latin American Bandits: A reexamination of Peasant resistance. *Latin American Research Review,* vol. 25, nº 3, 1990.

Gramsci, Antonio. *Quaderni del Carcere.* Turim: Einaudi, 1975.

_____. *Temas para a questão meridional.* Tradução Carlos Nelson Coutinho, Marco Aurélio Nogueira. Rio de Janeiro: Paz e Terra, 1987.

Guha, R. *A rule of property for Bengal: an essay on the idea of permanent settlement.* Paris: Mouton & Co., 1963.

_____. On Some Aspects of the Historiography of Colonial India. *Subaltern Studies I: Writings on South Asian History and Society.* Delhi: Oxford University Press, 1982.

_____. The Prose of Counter-Insurgency. In: Guha, R., Spivak, C. (eds.). *Selected subaltern studies.* Nova York: Oxford University Press, 1988.

_____. *Dominance without hegemony: history and power in colonial India.* Cambridge: Harvard University Press, 1997a.

_____. Chandra's Death. In: Guha, R. (ed.). *A Subaltern Studies Reader 1986-1995.* Minneapolis: University of Minnesota Press, 1997b.

_____. Introduction. In: Guha, R. (ed.) *A Subaltern Studies Reader 1986-1995*. Minneapolis: University of Minnesota Press, 1997b.

_____. *Elementary Aspects of Peasant Insurgency in Colonial India*. Durham and London: Duke University Press, [1983]1999.

_____. Subaltern Studies: Projects for Our Time and Their Convergence. In: Rodríguez, I (ed.). *The Latin American Subaltern Studies Reader*. Durham e London: Duke University Press, 2001.

_____. Omaggio a un maestro. In: Schirru, Giancarlo. *Gramsci, le culture e il mondo*. Roma: Viella, 2009.

Green, M. E. Rethinking the subaltern and the question of censorship in Gramsci's Prison Notebooks. *Postcolonial Studies*, Vol. 14, No. 4, 2011.

Hardiman, D. Subaltern at Crossroads. *Economic and Political Weekly*, vol.21, no 7, 1986.

_____. *The Coming of the Devi: Adivasi Assertion in Western India*. New York: Oxford University Press, 1987.

Hegel, G. A *Razão na história: uma introdução geral à filosofia da história*. Tradução de Beatriz Sidou. São Paulo: Centauro, 2001.

Hiddleston, J. *Understandind postcolonialism*. Stocksfield: Acume, 2009.

Jameson, F. *Modernidade singular: ensaio sobre a ontologia do presente*. Rio de Janeiro: Civilização Brasileira, 2002.

Jasmin, M. História dos Conceitos e Teoria Política e Social: referências preliminares. *Revista Brasileira de Ciências Sociais*, vol. 20 nº. 57, 2005.

Kaviraj, S. On the status of Marx's Writings on India. *Social Scientist*, Vol.11, n° 9, September 1983.

Lal, V. Subaltern Studies and its critics: debates over Indian History. *History and Theory*, 40, February 2001.

Lander, E. (org.). *A colonialidade do saber: eurocentrismo e ciências sociais*. Perspectivas latino-americanas. Buenos Aires: CLACSO, 2005.

Latin American Subaltern Studies Group. Founding Statement. *Boundary 2*, Vol. 20, No. 3, The Postmodernism Debate in Latin America, 1993.

Liguori, G. Tre accezioni di "subalterno" in Gramsci. *Critica Marxista*, n.6, 2011.

Ludden, D. *Reading Subaltern Studies: Critical Histories, Contested Meanings, and the Globalization of South Asia*. London: Anthem Press, 2002.

Machado, R. Introdução. In: Foucault, M. *Microfísica do poder*. Tradução de Roberto Machado. Rio de Janeiro: Edições Graal, 2010.

Maia, J. M. Pensamento brasileiro e teoria social: notas para uma agenda de pesquisa. *Revista Brasileira Ciências Sociais*, v. 24, n. 71, 2009.

Mallon, F. E. Promesa y dilema de los Estudios subalternos: perspectivas a partir de la historia latino americana. In: Sandoval, P. *Repensando la Subalternidad. Miradas críticas desde/ sobre América Latina*. Lima, IEP; SEPHIS, 2009.

Mendez, C. El inglés y los subalternos: comentario a los artículos de Florencia Mallon y Jorge Klor de Alva. In: Sandoval, P. *Repensando la Subalternidad. Miradas críticas desde/ sobre América Latina*. Lima, IEP; SEPHIS, 2009.

Meneses, R.D.B. *Desconstrução em Jacques Derrida: o que é e o que não é pela estratégia*. Universitas Philosophica, v.30, 2013.

Marx, K. *Grundrisse*. London: Penguin Books, 1973.

_____. *Sobre o Colonialismo*. Lisboa: Estampa, 1978.

Existe um pensamento político subalterno?

_____; Engels, F. *On the National and Colonial Questions.* New Delhi: LeftWord Books, 2001.

Modonesi, M. *Subalternidad, antagonismo, autonomía: marxismos y subjetivación política.* Buenos Aires: CLACSO; Prometeo Libros, 2010.

Morris, R. C. Introduction. In: Morris, R.C. (ed.). *Reflections on the history of an idea: can the subaltern speak?* New York: Columbia University Press, 2010.

Mignolo, W. Coloniality of Power and Subalternity. In: Rodríguez, I (ed.). *The Latin American Subaltern Studies Reader.* Durham e London: Duke University Press, 2001.

Mustapha, A. Questions of Strategy as an Abstract Minimum: Subalternity and Us. In: Rodríguez, I (ed.). *The Latin American Subaltern Studies Reader.* Durham e London: Duke University Press, 2001.

Nogueira, M. A. Gramsci, a questão democrática e a esquerda no Brasil. In: Coutinho, C. N.; Nogueira, M. A. (org.). *Gramsci e a América Latina.* Rio se Janeiro: Paz e Terra, 1985.

O'hanlon, R. Recovering the Subject: Subaltern Studies and Histories of Resistance in Colonial South Asia. In: Chatuverdi, V. (ed.). *Mapping Subaltern Studies and the Postcolonial.* London: Verso, 2000a.

_____; Washbrook, D. After Orientalism: Culture, Criticism and Politics in the Third World. In: Chatuverdi, V. (ed.). *Mapping Subaltern Studies and the Postcolonial.* London: Verso, 2000b.

Pandey, Gyanendra. Peasant Revolt and Indian Nationalism: The Peasant movement in Awadh, 1919-1922. In: Guha, R. (ed.). *Subaltern Studies I: Writings on South Asian History and Society.* Delhi: Oxford University Press, 1982.

_____. In defense of the fragment: writing about Hindu--Muslim riots in India today. In: Guha, R. (ed.). *A subaltern studies reader 1986-1995*. Minneapolis: Univ. of Minnesota, 1997.

_____. Voices from the Edge: The Struggle to Write Subaltern Histories. In: Chatuverdi, V. (ed.). *Mapping Subaltern Studies and the Postcolonial*. London: Verso, 2000.

Persram, N (ed.). *Postcolonialism and Political Theory*. Plymouth: Lexington Books, 2007.

Portantiero, J. C. *Los usos de Gramsci*. Cuadernos de Pasado y Presente, nº 54. Cerro Del agua: Siglo XXI, 1977.

Prakash, G. Subaltern Studies as Postcolonial Criticism. *The American Historical Review*, vol. 99, n.5, 1994.

_____.Writing Post-Orientalist Histories of the Third World: Perspectives from Indian Historiography. In: Chatuverdi, V. (ed.). *Mapping Subaltern Studies and the Postcolonial*. London: Verso, 2000a.

_____. Can the 'Subaltern' Ride? A Reply to O'Hanlon and Washbrook. In: Chatuverdi, V. (ed.). *Mapping Subaltern Studies and the Postcolonial*. London: Verso, 2000b.

Quijano, A. Colonialidade do poder, eurocentrismo e América Latina. In: Lander, E. (org.). *A colonialidade do saber: eurocentrismo e ciências sociais*. Perspectivas latino-americanas. Buenos Aires: clacso, 2005.

Rabasa, J. Beyond representation? The Impossibility of the Local (Notes on Subaltern Studies in Light of a Rebellion in Tepoztlán, Morelos. In: : Rodríguez, I (ed.). *The Latin American Subaltern Studies Reader*. Durham e London: Duke University Press, 2001.

Rodríguez, I. Reading Subalterns Across Texts, Disciplines, and Theories: From Representation to Recognition. In: Rodríguez, I (ed.). *The Latin American Subaltern Studies Reader*. Durham e London: Duke University Press, 2001.

Ricupero, B. *Caio Prado Jr. e a nacionalização do marxismo no Brasil*. São Paulo: Editora 34, 2000.

_____. Da formação à forma. Ainda as "ideias fora do lugar". *Lua Nova*, v.73, 2008.

_____. O lugar das ideias: Roberto Schwarz e seus críticos. *Sociologia e Antropologia*, v. 03, 2013.

Runcinman, D. History of political thought: the state of the discipline. *British Journal of Politics and International Relations*, vol. 3, n. 1, 2001.

Said, E. Preface. In: Guha, R. Spivak, G. *Selected Subaltern Studies*. New York: Oxford University Press, 1988.

Sarkar, S. The Decline of the Subaltern in Subaltern Studies. In: Chatuverdi, V. (ed.). *Mapping Subaltern Studies and the Postcolonial*. London: Verso, 2000.

Said, E. Foreword. In: Guha, R.; Spivak, G. C. (eds.). *Selected subaltern studies*. Nova York: Oxford University Press, 1988.

Schwarz, R. Nacional por subtração. *Que horas são?: ensaios*. São Paulo: Companhia das Letras, 1987.

_____. As ideias fora do lugar. *Ao vencedor as batatas: forma literária e processos social nos inícios do romance brasileiro*. São Paulo: Duas Cidades, Ed.34, 2000.

_____. Porque "as ideias fora do lugar"?. *Martinha versus Lucrécia: ensaios e entrevistas*. São Paulo: Companhia das Letras, 2012.

Scott, J. Foreword. In: Guha, R. *Elementary Aspects of Peasant Insurgency in Colonial India*. Delhi: Oxford University Press, 1999.

Seed, P. More Colonial and Postcolonial Discourses. *Latin American Research Review*, nº 26, 1991.

Silva, F. T. História e Ciências Sociais: zonas de fronteira. História,

Franca, v. 24, n. 1, 2005.

Skinner, Q. Meaning and understanding in the history of ideas. *History and Theory*, vol. 8, n. 1, 1969.

Subrahmanyam, S. Prefácio. In: Chatterjee, P. *Colonialismo, Modernidade e Política*. Salvador: EDUFBA, CEAO, 2004.

Spivak, G. Preface. In: Derrida, J. *Of Grammatology*. Baltimore: Johns Hopkins Press, 1976.

_____. Subaltern Studies: Deconstructing Historiography. In: Guha, R. Spivak, G. (eds.). *Selected Subaltern Studies*. New York: Oxford University Press, 1988.

_____. *A Critique of Postcolonial Reason: Toward a History of the Vanishing Present*. London and Cambridge: Harvard University Press, 1999.

_____. The New Subaltern: A Silent Interview. In: In: Chatuverdi, V. (ed.). *Mapping Subaltern Studies and the Postcolonial*. London: Verso, 2000

_____. *Pode o subalterno falar?* Belo Horizonte: Editora UFMG, 2010.

Therborn, G. *Do marxismo ao pós-marxismo?* São Paulo: Boitempo, 2012.

Thompson, E. *The Other Side of the Medal*. New York: Harcourt, Brace, & Co., 1926.

Thompson, E.P. *Modos de dominação e revoluções na Inglaterra: as peculiaridades dos ingleses e outros escritos*. Negro, Silva (org.). Campinas: Edunicamp, 2001.

Vezzadini, E. Subaltern Studies: An Approach to hegemony and Subalternity in the Colonial and Post-Colonial World. In: Baldussi, A., Manduchi, P. *Gramsci in Asia e in Africa*. Cagliari: Aipsa Edizioni, 2009.

Williams, J. *Pós-estruturalismo*. Tradução de Caio Liudvig. Petrópolis: Vozes, 2012.

Young, R. J. C. *Post-colonialism: a very short Introduction*. New York: Oxford University Press, 2003.

Agradecimentos

Este livro é resultado de pesquisa de mestrado realizada no Departamento de Ciência Política da Universidade de São Paulo entre os anos de 2012 e 2014. Aos funcionários e professores deste departamento, agradeço por me fornecerem as condições necessárias para a sua realização, e também à Fundação de Amparo à Pesquisa do Estado de São Paulo (Fapesp) que financiou esta pesquisa e o estágio realizado na Universidade de Princeton durante o segundo semestre de 2013.

Pela generosa orientação e estímulo, agradeço ao Professor Bernardo Ricupero, com quem pude construir durante o mestrado uma sólida relação de trabalho que encontra neste livro um de seus frutos. Já antes do mestrado, havia entrado em contato com o pensamento de Antonio Gramsci e com os Subaltern Studies durante pesquisa de iniciação científica realizada sob orientação do Professor Alvaro Bianchi. As principais questões que me motivaram a levar adiante esta pesquisa e a seguir na área de pensamento político, devo ao seu incentivo durante os primeiros anos de minha formação.

Não poderia deixar de mencionar os grupos de pesquisa com os quais discuti versões preliminares deste livro, desde que este era ainda um projeto. Aos integrantes do "Laboratório de Pensamento Político", meu agradecimento pelos anos de convívio e trabalho conjunto que contribuíram em muito para a delineação dos objetivos e hipóteses deste trabalho. Agradeço também aos colegas do Grupo de Pesquisa "Pensamento e Política no Brasil", em meio ao qual entendi os propósitos do trabalho intelectual e encontrei um horizonte como pesquisadora.

Estendo meu agradecimento aos professores Maria Elisa Cevasco e Marcos Del Roio, que leram versões anteriores e me ofereceram comentários críticos e valiosas sugestões de aprimoramento. Ao Professor Gyan Prakash, sou muito grata pela generosidade com a qual me recebeu na Universidade de Princeton em seminários, aulas e conversas de orientação durante o outono de 2013. Registro também agradecimento aos professores Giancarlo Schirru, Gianni Francioni, Giovanni Semeraro, Giuseppe Cospito, Peter Thomas, Marcus Green e Cosimo Zene, e aos colegas estudiosos de Antonio Gramsci com quem compartilhei a excelente experiência da Ghilarza Summer School, realizada na Sardenha em 2014.

Aos amigos e amigas que me acompanham nesta trajetória, muito obrigada por me ajudarem a dar proporção aos obstáculos e às conquistas da vida acadêmica. Em particular, sou grata a Isabella Meucci, Leonardo Brito, Rafael Nascimento e Thais Pavez. Por fim, a minha família. Não de modo abstrato, mas concreto, tenho sorte de contar com um extenso núcleo familiar, muito amoroso e presente. De modo especial, agradeço aos meus pais, Silvia e Camilo, e irmão, Gabriel, por me proporcionarem um apoio integral e sempre a melhor acolhida. A Rafael Cruz, com quem divido lindos sonhos, minha gratidão pela valiosa presença, leal e constante, nestes felizes anos juntos.

Alameda nas redes sociais:

Site: www.alamedaeditorial.com.br
Facebook.com/alamedaeditorial/
Twitter.com/editoraalameda
Instagram.com/editora_alameda/

Esta obra foi impressa em São Paulo no inverno de 2018. No texto foi utilizada a fonte Minion Pro em corpo 10,5 e entrelinha de 15,5 pontos.